1728

gapi

Maquette de la couverture : Jacques Léveillé.

Photos de la couverture et de l'intérieur : Guy Dubois.

ISBN 0-7761-0059-9

© Copyright Ottawa 1976 par les Éditions Leméac Inc.
Dépôt légal — Bibliothèque nationale du Québec
4e trimestre 1976

gapi

antonine maillet

THÉÂTRE/LEMÉAC

Le coffre aux trésors
d'Antonine Maillet

par Pierre Filion

Ah! Gapi, ça y en prend grand pour être content, lui. ...ben Gapi, il sait pas ce qu'il dit. Faut qu'il badgeule.

Ah! Gapi, il est point aisé.

La Sagouine

À travers la truculence et la poésie de ses propos, La Sagouine nous avait déjà fait connaître son mari et cousin germain, Gapi. Son houme était badgeleux, jongleux, bileux, douteux, pas aisé, grogneux, tête dure, jamais content, sans grand'manières, blasphémeux, solitaire, taciturne, et il puait comme tous les houmes d'En-bas, mais sa parole, en écho derrière la voix de la Sagouine, nous arrivait en sourdine. L'homme était en veilleuse, sa femme occupait toute la place. Mais son tour viendrait.

Et le voilà. Maintenant que la Sagouine, la «petite godêche», s'est tue un beau jour et pour toujours, le voilà, Gapi, rentier, gardien du phare, plus seul et plus rouspéteur que

9

jadis. Que lui reste-t-il? Sa fidélité à la mer, la mer toujours recommencée, pleine de mystères, contenant tous les possibles et les impossibles voyages au bout du monde et de soi, d'où sortira Sullivan, le navigueux. Cela s'appellera, dans une première version, Gapi et Sullivan *(décembre 1973), et dans cette deuxième, riche d'une nouvelle complexité, simplement* Gapi.

Paradoxalement — les grandes œuvres se nourrissent de paradoxes — dans l'écriture de son auteur, Gapi *a vu le jour avant* Emmanuel à Joseph à Davit, *alors que le déroulement vraisemblable de son drame se situe après cette nativité en Acadie, puisque le couple Sagouine/Gapi s'y trouvait réuni et badgeulait ensemble. Antonine Maillet, en vrai conteur, jongle avec le temps de ses histoires et les histoires de son temps; elle a plusieurs temporalités sur la même corde de son espace vital, l'imaginaire acadien, et cela donne beaucoup de liberté à son jeu.*

En apparence, ce relativement nouveau personnage qu'est Gapi *a une double origine: il s'appelle Élouèze dans la première version des* Crasseux, *il est parti pour la guerre un beau matin, sans jamais revenir; il demeure anonyme dans la seconde version, n'étant plus que l'homme de la Sagouine. Mais il ne s'agit pas tout à fait de la même Sagouine qui parlera plus tard de lui comme*

10

d'un réel compagnon de fortune quotidienne. Il y a d'une œuvre à l'autre, une première distanciation. De même, le Gapi de La Sagouine est-il allé dans les vieux pays y mener sa guerre, mais le nouveau Gapi, le dernier-né des Gapi, n'a vu ni les vieux pays ni les feux d'artifice de leur dernière guerre. Deuxième distanciation. Le conteur jongle toujours, il n'est pas généalogiste, il mène le jeu à son gré, mêlant les cartes et brouillant parfois le détail des lignes de vie, mais il reste toujours fidèle à la cohérence interne de sa mythologie. Ces distanciations importent peu, l'auteur loge dans l'Acadie du rêve, où grouille ce peuple de petits géants, les Crasseux de l'imaginaire.

Le rôle de Gapi dans le monde actuel, vieilli, de ces toujours mêmes Crasseux remonte aux prouesses épiques de Don l'Orignal, où l'on retrace le premier gardien de phare, à la fois gardien et phare du monde d'Antonine Maillet[1]. Doublement crasseux donc, notre Gapi, puisque toute sa vie trempe dans la même cage à homard du bord de l'eau. Le personnage a de la classe (et de la crasse), il est racé.

Déjà le gardien du phare dans Don l'Orignal, désigné par sa fonction et dont on

---

1. Il s'agira, à peu de variantes près, du même gardien dans le conte «L'Île-aux-Puces» Par derrière chez mon père, Leméac, 1972.

11

ignore le nom de baptême exact, possédait en germe un des péchés mignons de Gapi: la bière, le tonneau; plaisir qui peut bien remonter, sans chercher trop loin, jusqu'à la dive bouteille du père des conteurs, Rabelais. La Sagouine nous l'avait caché, Gapi brosse plus souvent qu'à son tour. Mais il s'arrête de temps à autre, pour un jour ou deux. Le temps d'un remords.

Le gardien de phare des anciens temps ne s'ennuie pas. Il doit allumer, soir et matin, matin et soir, le fanal de sa tour; c'est le phare des temps épiques, la tour de vigie, le quartier général, car la guerre contre les Puçois, les futurs Crasseux, est ouverte. Le gardien a fort à faire, à commencer par monter et descendre les cent trente-deux marches qui conduisent au poste d'observation. Les projecteurs sont mobiles, on joue de la lorgnette, on espionne, le phare est un centre du monde. À l'autre bout du cycle, notre Gapi est victime de la modernité. Ce n'est plus un fanal qu'il garde, c'est une light; *Gapi a-t-il mangé de l'anglais? Les temps héroïques ne sont plus, les grands géants sont partis et le gardien n'a plus d'importance que pour les bateaux du large. L'Île-aux-Puces a disparu avec les années, mais elle pourrait bien revenir un jour. Le phare n'a plus cent trente-deux marches, il en a quarante-six. Mais surtout, sa* light *n'a plus besoin du gardien pour tourner. Ce saut rapide de l'ère épique à l'ère* technologique cause tout le malheur actuel de Gapi: il connaît un brin d'ennui.

Il n'a plus La Sagouine pour le faire taire, il n'a plus sa dôré pour aller en mer, il n'y a plus de guerre ou de prohibition. Encore une fois, que lui reste-t-il? Les goélands, qui sont des figurants peu bavards, la dune, sa dune, sa chère dune, sept milles de long, cinq cents pieds de large, tout un pays à elle seule, et enfin, surtout, le coffre aux trésors de ses souvenirs. C'est là, dans l'univers merveilleux du capitaine Kidd que le conteur nous attend, l'univers de Radi, Horace, Marie-Zoé, etc., d'où va surgir, comme par enchantement naturel, le marin Sullivan.

C'est dans ce coffre aux merveilles que Gapi ira chercher la métaphorisation de son phare: ce n'est plus tout à fait une lighthouse, car il y a un hublot; en s'agrandissant, l'image devient un bateau, une cabine de pilotage. Voilà Gapi prêt à prendre le large, sur sa dune, pour une formidable odyssée dans la rêverie, à travers un trans-acadien... L'image avait été annoncée, plus tôt, sur terre toujours, quand les deux hommes s'étaient mis à causer dans la dôré rapiécée du Sullivan; le voyage autour de mon phare, qu'entreprend Gapi, ce voyage dans les pays du souvenir, avait à cet instant levé l'ancre, appareillé et gonflé ses voiles.

Mais le coffre est encore plein. Gapi ira y chercher, mais ils sortent peut-être d'eux-mêmes, les trésors de l'enfance qui ne vieillit jamais, dans une sorte de recherche des temps et des paradis perdus, réels et irréels. Quand son défunt père lui monte le fanal, pour la première fois, Gapi voit une étouèle, et des pirates, et des naufrages, et la mort du défunt Ferdinand, avec lequel refait surface tout l'univers de la prohibition de Mariaagé-las. Il ira chercher encore le souvenir des trésors qu'on ne trouve jamais, qui font durer toute une vie l'enfance d'un homme, et avec eux renaît le désir de les chercher, avec le Sullivan, sur la dune, pelle en main. Surtout le plus prestigieux des trésors, celui qui nour-rissait les rêves de Radi, Horace, Tibi, Caillou, le coffre du capitaine Kidd, intact après des centenaires de rêveries, plein à craquer de parles et de diamants. La richesse de l'en-fance. Les rêves de Gapi n'ont pas vieilli, seule sa vie a pris de l'âge, avec le temps.

Et du coffre vont continuer à sortir les mondes connus de Gapi, les anciens mondes, les filles à deux jaunes, la Butte du Moulin, les souvenirs de beuveries et de noces, les veillées à Magloire Basque, les poutines râ-pées, etc., et les mondes inconnus du Sulli-van, mystérieux, les nouveaux mondes (le monde est plein de trésors cachés): les vieux pays, les mers du sû, les fesses de la belle Immaculata, la grosse Manda, les pinottes,

Charlichacha, les polices, les toilettes, les crocodiles, les aléphants, les poubelles, les manufactures de clous et autres gadgets de la civilisation.

Pourtant, dans cette nouvelle version, il y a un trésor qui met du temps à sortir, et c'est de lui que naîtra le drame, la crise de cette rencontre entre le badgeleux et le navigueux: l'ancienne flamme de Sullivan, qui viendrait supposément du Village des Collettes, avec un peu de jus de bette sur les babines et de la farine sur les joues... Gapi ne saisit pas tout de suite, il cherche loin de lui celle qui était tout près: le trésor secret, privé, de Sullivan, c'était aussi celui de Gapi, sa femme, la Sagouine. Coïncidence de trésor qui met un instant le feu aux poudres.

Par cette escapade amoureuse, la Sagouine rejoint son ancêtre des Crasseux, à qui Michel-Archange reprochait sa vertu douteuse, «ses houmes». Mais elle rejoint, par delà cette filiation toute familiale, le personnage d'Évangéline deusse qui s'était amourachée d'un certain Cyprien aux jambes longues, navigueux qui faisait la run de rhum, et dont le symbolisme s'est transposé sur le Breton, variante vieillie — et pourtant toujours jeune — du même archétype: le marin du bout du monde, l'homme des voyages, l'homme au long cours.

Sullivan, cet homme du bout du monde, cet homme qui a plusieurs vies, devient une forme d'Ulysse consentant, à la recherche de son paradis, qui oublie dans sa recherche son amour impossible avec la Sagouine, la «petite salope de forlaque» (dévergondée). Le grand rêve du pêcheur, Gapi, c'est d'être marin au large des côtes, voguer sur des mers exotiques, tropicales quant à faire, alors que celui du marin, plus réaliste, moins enchanté, moins poétique, c'est de mettre le pied à terre, à chaque nouveau port et d'y flamber sa paye avec les belles et le whisky. À moins que le Sullivan ne raconte toutes ses prouesses et ne fasse miroiter les paradis artificiels de l'exotisme que pour le plaisir de fabuler, de s'étourdir lui-même avec des accrouères qui ne lui sont jamais arrivées, lui qui n'a peut-être pas dépassé l'Île d'Anticosti ou le Labrador. À moins que tout cela, comme dit Gapi, ne soit que de la brume! Voilà qui expliquerait peut-être la réticence que Sullivan manifeste lorsque Gapi veut s'embarquer avec lui. Que Gapi reste donc à terre, à entretenir les rêves de Sullivan! Si les vieux pays n'existent pas, si Sullivan ne les a jamais foulés, il y a au moins, sur la dune, un gardien qui y a peut-être cru un instant.

Et puis, au fond du coffre, il y a encore une merveille, la merveille des merveilles, cette image formidable de la mer, l'eau creuse. L'eau creuse, le large, l'aventure, la fabulation, l'eau riche de ces mille et un vieux pays de l'imagination. Et si c'était le paradis que l'on cherchait dans les profondeurs rêvées de la mer, au pays de l'éternel capitaine Kidd? Que croire, et qui croire? Le conteur? On ne sait plus. Gapi ne serait pas heureux en mer, et Sullivan s'ennuirait sans doute dans une lighthouse, à la pointe du monde, de la mer, du ciel, de la terre. Comme Gapi, Sullivan a sa destinée à faire, son mythe à entretenir, il ne peut rester ici, sa sirène l'appelle, au propre et au figuré, il doit aller au boute de l'eau, puisque le monde, le vrai monde, celui des autres, y commence. S'installer, prendre racine, ce serait la fin de son symbolisme. De même sa cabane, qui est pour un soir le centre du monde dans Emmanuel à Joseph à Dâvit, n'acquiert-elle son importance et sa signification que de l'absence prolongée de son habitant.

Ensemble, Gapi et Sullivan se complètent, ils sont les deux facettes du même houme. Ils échangeront leurs sacres comme ils échangeront leurs coiffures et leurs trésors communs. Il y a en Sullivan une moitié de Gapi qui se promène au large du large, sa rêverie, et il y a en Gapi une moitié de Sullivan qui reste sur la côte, son enfance, la continuité du monde, et dont justement Gapi est le gardien. Ensemble, ils refont l'homme d'un pays défait, ils ont réinventé sa vie à l'intérieur et au large d'eux-mêmes.

Après le quatuor d'Évangéline deusse, Antonine Maillet renoue, au premier acte, avec l'art du monologue qui avait fait la force de La Sagouine. L'homme s'adresse aux goélands comme au public, dans la même langue que sa femme, plus familière mais toujours aussi pittoresque, verte et savoureuse, maintenant que l'univers des Crasseux s'est enrichi de nouveaux volets. Pour la première fois, dans son théâtre, l'auteur met en scène, durant tout le deuxième acte, deux personnages face à face, un duo d'hommes, un règlement de comptes avec le rêve et la réalité de leurs vies respectives. Ils jurent, se battent, mais s'estiment.

Sur la dune, dans un parc de Montréal, sur la traque, au pied du phare, Antonine Maillet dispose tranquillement ses pièces sur le grand échiquier de son monde imaginaire. Les œuvres se suivent et se répondent, la fresque s'amplifie et deviendra, qui sait, plus réelle que la réalité. Gapi est un nouveau personnage de cette galerie. Il y fera sa marque. Son créateur lui a donné l'étoffe du pays, car dans sa mémoire, qui est aussi celle d'un certain pays, il se souvient des géants de l'empremier. Du grand Maillet.

Rent Zilien

Antonine MAILLET est née à Bouctouche, au début de la crise, un vendredi de mai, à midi, dans un pays qui portait, encore, malgré la Conquête, le nom d'Acadie. Mais c'était un nom qui ne figurait déjà plus sur les cartes ni dans les registres et qui, pour tout autre qu'un Acadien, ne signifiait plus rien. Pourtant au cœur du pays, au fond des villages, au creux des maisons, ce nom d'Acadie résonnait comme une terre perdue, ou un domaine à reconstruire. Et chacun se mit à la tâche. Antonine Maillet, avec sa plume.

Dans *On a mangé la dune* et *Pointe-aux-Coques*, elle raconta le réveil à la vie et la découverte du monde; puis elle entreprit la lutte pour la survie dans *Les Crasseux* et *Don L'Orignal;* avec *La Sagouine* elle dotait son pays d'une héroïne faite à sa mesure et ressemblance; dans une grosse, épouvantable et héroïque thèse de doctorat sur *Rabelais et les traditions populaires en Acadie*, elle offrait à son pays ses lettres de noblesse; puis doucement, sur la pointe des pieds, elle s'en vint *Par derrière chez son père* dénicher les vieux contes des aïeux, et la petite histoire drôle du pays dans

L'*Acadie pour quasiment rien*; avec *Gapi et Sullivan* et *Mariaagélas*, elle mit au monde de nouveaux héros de la mer : de ceux qui vivent sur la côte, de ceux qui vivent au large, et de ceux qui en vivent, tout court; et enfin vint *Emmanuel à Joseph à Dâvit*, sorti du fond des temps et du bout du monde, pour raconter aux autres les en-dessous et l'envers de ce pays d'Acadie qu'*Évangéline Deusse* à son tour prendra sur ses épaules d'éternelle déportée.

Et entre ses livres, Antonine Maillet a trouvé le temps de se frotter à quelques petites écoles — comme les universités de Moncton, de Montréal et Laval — d'entreprendre de petits voyages, à l'aventure, et de se faire de grands et indéfectibles amis.

GAPI

pièce en deux actes

PERSONNAGES

GAPI, vieux pêcheur de 70 ans.
SULLIVAN, marin d'environ 60 ans.

LIEU

Sur une dune de sable et de roches, devant un phare, en Acadie.

ÉPOQUE

À peu près aujourd'hui.

CRÉATION

Gapi a été créé le 25 novembre 1976 par Le Théâtre du Rideau Vert.

DISTRIBUTION

Gapi ....Gilles Pelletier
Sullivan......................................Guy Provost

Mise en scène d'Yvette Brind'Amour, décors de
Robert Prévost et costumes de François Barbeau.

PREMIÈRE PARTIE

Gapi regarde par le hublot de son phare, le matin. Il parle aux goélands.

GAPI

Ah! farmez-vous, mes petits godêche de sacordjé de volailles épluchées! Vous pourriez pas laisser un houme s'arposer un matin sus deux, toujou' ben? Allez! allez qu'ri vos barbeaux à l'autre boute de la dune, psst! Ç'a sept milles de long, c'te dune, pis cinq cents pieds de large. Je le sais, je l'ai assez marchée pour le saouère. Été coume hiver; sous la neige coume sous les maringouins. Ça fait que jamais je croirai qu'a' peut pas tout' nous loger, à l'heure qu'il est, sans que je nous marchions sus les pieds. Allez-vous-en! Allez-vous-en!

Il descend par l'échelle de son phare et vient sur la côte, face à la mer.

Y a de la place pour tous les pêcheux que je sons icitte sans se troubler les uns les autres. *(Cri d'un goéland.)* Ouais, un pêcheux que j'ai dit, pis ré-

27

ponds-moi pas de même, toi, mon petit verrat;
je pêche, moi itou, viens pas m'ostiner. Pis, j'ai
pêché pus longtemps dans ma pauvre de vie que
toute la satrée bande de goèlands que vous êtes
ensemble, ça s'adoune... Ben longtemps... Soixan-
te ans, si tu veux le saouère. Et je pêche point
avec mon bec, moi. Mes mains, mon vieux, ces
deux mains-là qui sentiront l'abouette pis les cotchilles jusqu'à la vie éternelle éternellement vôtre
à jamais. Que le Bon Djeu aie mon âme.

...Faudra point qu'i' faisit le bec fin, le Bon
Djeu, ou levit le nez sus la senteur de poisson qui
va pavoiser son paradis quand c'est que j'y met-
trons les pieds, nous autres. Il ara besoin de point
faire le délicat. Par rapport que je pourrions y dire,
tout Bon Djeu qu'il est: ces mains-là, c'est vous
qui nous les avez baillées, gratis; et le poisson,
sauf votre respect, c'est votre invention, blâmez-
nous pas si i' pue.

...Et qui c'est qu'a dit qu'i' sentait point à
bon, le poisson, hein? Gérard à Jos peut-être ben?
ou les garçons à Jos Bourque? Les farmiers avec
leux bêtes à cornes et pis leu fumier... ça pue pas,
le fumier, je crois ben? Et les gars des mines de
charbon de la Nova Scotia, i' avont-i' les mains
pus blanches que ça? Ben i' recevont une paye
tous les vendordis, les jobeux, pis avec ça i' pouvont prendre un coup le samedi souère. Ils sont
point payés au sac de cailloux qu'i' aouindont de
la mine, ceux-là, ben à l'heure. Si un pêcheux
était payé à l'heure, lui itou, il arait rien qu'à guet-

ter le poisson, pis regarder l'heure passer, pis saouère qu'il est payé pour ça. Ça fait qu'i' pourrait vivre sans s'intchèter; pis même des fois se
moquer une petite affaire du poisson qui veut point
mordre. Il arait pas besoin de le prêcher, pour l'at-
tirer à sa ligne, pis d'y tordre les ouïes, pis d'y
parler en grandeur, au maudit petit hareng, coume
si i' était un dauphin. I' pourrait y dire: mords,
mords pas... quoi c'est que ça peut me faire, si
je suis payé pareil? Et pis j'aime aussi ben manger du lard de cochon, anyway. Le poisson qui
entendrait le pêcheux y parler de même, i' mor-
drait. Y a pas un poisson que je counais, i' s'ap-
pellerait-i' un marsouin, qui nagerait content quand
i' serait sûr et sartain que le pêcheux a point besoin de lui. Tout le monde veut saouère de sarti-
tude que tchequ'un tcheque part a besoin de lui.
Même pour le manger. Une parsoune peut pas se
contenter à moins, a' peut pas vivre tout seule
toute sa vie.

Il cherche les goélands.

...Ma grand foi Djeu, ils sont tout' bâsis, les
grands brailleux. Voyons, par où c'est qu'i' sont
passés? Huit-huit-huit!... petipetipeti... Coume si
y avait pas assez de place pour tout le monde,
asteur, sus c'te côte. Sept milles de beau sable,
c'est pas assez pour les aventureux. Ça veut vivre
gras, pis ç'a besoin de prendre le large de temps
en temps. Ç'a besoin d'aller lever le nez par en
bas ouère si la mer du sû est plusse salée que la

mer du nôrd. Ben faites-vous en pas, ça reviendra. Ils finissont tout le temps par revenir. Je les counais. Si fallait: ça fait septante ans que je vivons côte à côte sus la même côte. J'en ai vu une génération pis un' autre, pas de soin. Tout' des plaignards, pis des geignards, on dirait que ça sait pas ce que ça veut. Un petit geint de vache-marine au loin, et pis v'là tout le troupeau envolé coume une épidémie de sauterelles. Moi ça me fait rien, par rapport que... je sais qu'i' reviendront. Un oiseau de mer, c'est coume le reste du monde: ç'a les ailes virées du bôrd du pays.

Le pire, c'est quand c'est qu'i' passe un trois-mâts ou un steamer. Ça se garoche, ça, coume des effarés. C'est qui c'est qu'arrivera le premier sus la misaine ou le beaupré. Ça vole à se déchirer les ailes, une vraie honte. Toutes les Catoune, pis les Pitoune, pis les Bessoune du pays sont pas plusse excitées de ouère passer une goèlette que c'tes guidounes de goèlands.

...Eh ben, quoi c'est qu'elle a tant votre goèlette? que j'y ai dit un matin au grand boiteux, là, une maniére de vieil infirme qui traînait de l'aile et qui volait pus bas que les autres. Il avait dû un jour se cogner l'échine sus un rocher dans le boute des îles, ou ben se faire attraper par la tcheue de la sociére de vent. Quand c'est qu'i' partiont tout' à la barre du jour, en huchant des noms au monde et en nous chiant sus la tête, lui pouvait pas les suivre, i' volait trop bas. Ben c'ti-là, au moins, une parsoune pouvait y parler et il écoutait... Hein? Quoi c'est que ça de si rare un steamer,

ou un tanker, ou un remorqueux? que j'y ai dit.
Ça serait-i' toi itou. le pétrole d'Arabia qui te ferait calouetter du bôrd du sû? I' m'a regardé en
dessous, l'emplumé, il a fait un grand couaaac...
et pis il a disparu. Je l'ai pus revu, c'ti-là, jamais...
Coume un bâtiment, il a bâsi dans la brume.

Il prépare son déjeuner.

C'est tout ce que c'est, de la brume, leux bâtiments pis leux vieux pays. La mer, la mer, la
mer, qu'i' contont. Et pis après? C'en est point,
ça, de la mer? C'est-i' parce que l'eau est pus creuse que c'est plusse de l'eau asteur? Ou ben c'est-
i' parce que tu vis pus loin que tu vis plusse ou
pus longtemps? À l'entendre parler, le Sullivan,
tu croirais qu'il a eu autant de vies, figurez-vous,
que de pays qu'il a dénigés au fond des mers.
   — Tu voyages, qu'il a dit, pis tu te laisses
borcer sus le fait de l'eau, pis les lames te soule-
vont et te garochont sus une terre ben neuve où
c'est que parsoune a jamais mis les pieds avant
toi.
   — Et c'est ça qu'ils appelont un vieux pays,
c'te terre ben neuve? que j'y ai demandé au Sullivan.
   Et pis le Sullivan, il a calouetté des deux yeux
et il a rien trouvé à répondre.

Ah! Bonne Viarge! du lait caillé. Heh! les
farmiers qui se promenont avec un chapeau dur
sus la tête, à l'exposition de Sainte-Marie, parce
qu'ils avont une couple de vaches dans la proces-

sion, pis ensuite qu'i' s'en venont nous fornir du lait caillé le restant de l'ânnée au pauvre monde. I' me feront point des accrouères, à moi, Gapi. Je m'ai jamais mis un chapeau dur ni une chemise fine, ben mon poisson doune point du lait caillé. Ah! je dis pas que mes huîtres avont des parles, ben i' sont pas poisontes. Et pis j'assaye pas de faire passer mes mouques pour des coques, moi, ni mon maquereau pour du soumon rose. J'assaye pas de remplir la tête à parsoune, ni à leu faire des accrouères. Ben qu'i' veniont point me faire des histouères non plus. J'ai pas resté assis long-temps sus les bancs d'école; pis c'est point moi qu'a usé le marbre de la grande allée de l'église... D'abord nous autres, i' nous faisiont prendre l'allée d'à côté qu'était en bois... Ben une parsoune a point besoin de parler latin pis anglais, ni de pouè-re réciter sus ses doigts le prône, le catéchime, pis le sermon, pour saouère quand c'est se tchen-dre deboute et quand c'est s'assire, dans la vie.

Ah! je sais ben que j'ai resté assis des lon-gues escousses. Pis yelle assayait de me relever.

— Lève-toi asteur, Gapi, qu'a' me disait. T'arriveras en retard à ta rusurrection. Prends garde de passer ton étarnité tout seul, ça sera peut-être pus long que tu crois.

C'est point l'étarnité qu'est longue, c'est c'te vie icitte. Ça ressemble trop à la dune, la vie: c'est long pis étroite. Ça finit par manquer d'air. Un houme des fois aimerait ben aouère de quoi de pus large, pour pouère se virer de bôrd de temps en temps. Pus large, même si c'était pus court.

Sullivan lui i' dit que pour ça, faut partir dans les vieux pays. Ah! Sullivan, le son of a gone! Pourquoi c'est que la vie serait-i' pus large dans les vieux pays! L'eau creuse, qu'il a dit.

...Ç'a s'adoune qu'i' me pogneront pas avec leux histouères. J'ai vu de l'eau aussi tôt que n'importe quel navigueux qui s'en vient à tous les cinq ans se remplir la panse et nous remplir la tête. Parce que j'arions resté au pays je serions moins rusé, asteur, ou j'arions une vie plusse... plusse... Ben au juste, quoi c'est qu'elle a, notre vie? Quoi c'est qu'est le trouble avec une vie de pêcheux des côtes, pouvez-vous me le dire?...

Il mange.

Vingt ans sus la dune, quarante ans sus l'eau, toute une vie entre les cailloux, les cotchilles, pis l'harbe à outarde. Tu ragornes les déchets que la mer te garoche, pis tu guettes la prochaine lame, qui va t'en bailler d'autres. Les mains dans les déchets, pis dans la vase. Par rapport que c'est là-dedans que t'as espouère de déniger tcheque chouse. Des coques dans le sable; des huîtres pis des mouques agrippés aux roches; pis dans l'eau creuse, tout le restant.

Tout ce qui existe et que tu trouves point sus la terre, t'es sûr d'une chouse, c'est que ça vole entre le nordet pis le suroît, ou ben que ça se cache sous l'eau. Et ça, laissez-moi vous dire que c'est pas loin de la motché des créatures que le Bon Djeu a créées et mises au monde. Ça fait qu'après ça, faut pas venir me dire à moi, Gapi, qu'un houme des côtes a jamais rien vu. Parsoune a jamais rien vu, tant qu'à ça. Tu te figures que tu la counais, la vie, par rapport que t'en as eu une, coume tout le monde. Eh ben, toutes les autres, quoi c'est que t'en fais?

La Sagouine itou rêvait aux vieux pays: l'Île du Prince-Edouère, qu'a' disait. Un vieux pays, l'Île du Prince-Edouère! Hé-hé! La pauvre femme avait point voyagé beaucoup. Sussex pis Saint-Jean, pas pus loin. Ben elle arait ben voulu aller sus l'Île. Par rapport à la parenté qu'était restée par là, pis à ses aïeux qu'en étiont sortis. A' s'a-vait même pas rendu aux États pis a' voulait aller à l'Île du Prince-Edouère. Elle a point eu le temps...

Et pis quoi c'est que ça y arait douné de voyager? Pourquoi c'est faire qu'une parsoune qu'a vu des Arabes, pis des crocodiles, pis des coconuts dans les coconutiers, serait-i' pus savante, asteur, que c'ti-là qu'a vu des castors, des sauvages, pis des cenelles dans les cenelliers? Ça t'instruit de ouère du monde, qu'il a dit, le Sullivan. Correct, ça t'instruit, j'ai rien à redire. Ben pourquoi c'est faire que faut que tu l'aies vu si loin c'te monde-là, pour que ça t'instruise?

Il a fini de manger, de débarrasser; il s'allume une pipe.

Durant toute ma vie, j'ai regardé passer le monde sus mon devant de porte. Ah! pas des gros,

ni des étranges. Pas Jean Béliveau, ni Notre Saint
Père le Pape, ni Diefenbaker. Du monde du cou-
mun, coume moi. Même des pires que moi...

Long cri d'un goéland.

...Ben pourquoi c'est qu'y en arait pas des
pires que moi? J'ai brossé, juré, blasphêmé, pis
couri la galipotte mon satré saoul, all right, j'ai
tout fait ça. Pis quand c'est que la Sagouine vivait, j'ai... A' me l'a assez dit tout ce que j'ai fait,
la Sagouine. (*Il crie.*) Mais a' me le huchait pas
par la tête, yelle! Pourtant a' pardait pas une chance de m'avarti'.

— Gapi, taise-toi, qu'a' disait, le Bon Djeu
counaît son affaire!

— Ben si i' counaît son affaire, coument ça
se fait que c'est tout le temps les mêmes qu'attra-
pont tout'? que j'y ai dit.

— Ben, qu'elle a dit, peut-être parce que y en
a qui savont mieux que d'autres où c'est se placer
pour attraper les bounes affaires.

— Peuh! les bounes affaires! si le Bon Djeu
était juste, il en ferait assez pour tout le monde
des bounes affaires. Coume ça, y arait point de
passe-droit ici-bas.

Heh! vous voulez saouère ce qu'elle a répon-
du? Coume si je pouvions aouère le darnier mot
avec une femme. Elle a dit:

— Il était point fou le Bon Djeu. I' savait
ben que s'il en faisait assez pour tout le monde,
ça empêcherait pas le monde de se battre quand

même pour les meilleurs morceaux, et ç'arait encore été les pus vite qu'ariont tout eu.

V'là ce qu'elle dit, la femme.

— Le Bon Djeu counaît son affaire; arrête de badgeuler.

Pis j'arrêtais. A' le savait pas, ben j'arrêtais de bouère pis de jurer. Quasiment toutes les semaines, j'arrêtais de bouère, ma grand foi Djeu! J'arrêtais une jornée, deux jours. Ben j'étais point pour aller y dire, elle arait été capable de me faire signer une tempérance, la Sagouine, ou ben de m'enrôler dans les Lacordaires. A' me poussait dans le dos quand i' passait une sœur pour les missions, pour que je doune tcheque chouse; pis a' lavait ma chemise pis mes chaussettes, la veille de la Trinité, pour que j'aie pas d'excuse pour point faire mes pâques. Même a' venait me qu'ri' à la porte des bootleggers le samedi souère; pis le dimanche matin a' me levait à coups de siaux d'eau frette dans le cagouette. Ah! elle était pas aisée, c'est moi qui vous le dis. La petite godêche!

Cinquante ans... Passé cinquante ans à rentrer au logis tous les souères avec un minot de coques ou un siau d'anguilles. Ah! tant qu'à ça, a' rechignait pas. À part du temps qu'a' nourrissait. Là, c'était coume un' ourse enragée qu'a peur de pardre ses petits... Et pis elle les pardait. Ça faisait compassion. *(Il crie.)* Ben c'étai-i' de ma faute à moi? Un houme peut-i' prendre plusse de coques qu'y en a dans la vase, ou plusse d'anguilles qu'y en a dans le barachois? C'est toujou' ben pas moi qui l'a fait, leur côte.

Pour dire la varité, c'est point moi qu'a fait grand chouse de ce qu'y a icitte. J'ai point fait la dune, ni la mer, ni les poissons, ni le foin salé, ni l'harbe à outarde... Ben tant qu'à ça, j'ai point fait l'harbe à puce, non plus, ni le nordet d'avri', ni le chiendent. Qu'i' me blâmiont pas pour ça. Ça c'est une chouse que j'y dirai au Sullivan: vas-y dans tes vieux pays, pis brasse-z-en des affai-res, pis bâtis-en des trois-mâts pis des corvettes. Ben viens pas te plaindre à moi après ça si ta cale prend l'eau ou ben si tu sues dans tes pays chauds. Ouais, nous autres je pouvons le dire sans calouetter: j'avons rien fait de nos vies, peut-être ben; ben j'avons toujou' ben point fait de tort à parsoune. J'en avions point les moyens. J'avons ni clayon pour farmer notre barriére au ouasin, ni clenche pour y barrer la porte au nez. Et pis coume j'avons jamais eu notre mot à dire dans aucun gouvarnement, je vois pas coument c'est que je pourrions être blâmés si ça va mal au pays.

Il se lève et se met à nettoyer la dune.

Je le counais, le Sullivan, i' va dire que ça va mal par icitte par rapport que nos genses avont pas assez de jarnigoine, et pis savont pas s'orga-niser, ni se débrouillarder. Je veux le ouère, lui, se débrouillarder avec un minot de coques par jour pour tout revenu.

...Tu coumences par les prospecter, tes coques, des matinées durant; pis tout d'un coup t'en découvres une bouillée: plein de petits trous qui biclont dans le sable que ça t'en fait venir l'eau à la goule: ça fait là, tu perds pas de temps, tu happes ta pelle par le manche pis... krouitch! Tu plantes, tu creuses, t'enfonces dans la vase et pis psst: ça te pisse dans le nez, le petit morveux; ça fait là, faut que tu joues au pus fin, parce qu'y a rien de pus rusé qu'un coque; t'enfonces, tu creuses, et ça gicle partout, et ça cerne ta pelle; et t'as beau mettre toute ta pesanteur sus le manche et jurer tous les goddam d'Angleterre, i' te restera peut-être dans ta pelletée une demi-douzaine de petites cotchilles à motché écrabouillées. Tu passeras coume ça de bouillée en bouillée, de côte en côte, d'ânnée en ânnée. T'en rapporteras un siau à ta femme pour nourrir tes enfants et l'autre, tu charcheras à le vendre pour un mug de biére.

...Je voudrais le ouère, lui, le Sullivan, se débrouillarder avec ça et assayer avec la vase de nos côtes de faire un pays!

Cris des goélands qui reviennent du large.

...Ben... ah! ben les petits sacordjé! Les v'là! Toute la bande. Je pourrais faire sarment qu'il en manque pas un seul. Bande d'effarés, pouvez-vous me dire quoi c'est qui vous a pris à matin? Hein?... Y avait-i' une ouèle à la barre du jour pour vous affoler coume ça? Hein?...

Quoi c'est que tu veux, toi? T'es pas assez ben nourri icitte? Des croûtes de pain, ça te suffit pas, asteur, i' te faut la miette? Je m'en ai pourtant contenté mon pauvre saoul, moi, des croûtes. T'es pas assez ben traité, icitte? T'es pas chus vous sus c'te dune? Quoi c'est qu'i' te manque?... Le sable est mou, pourtant, pis chaud dans les mois d'été. Les roches sont ben arrondies, pis l'eau aussi salée que n'importe quelle baie qui se mouille dans la mer. Et pis les cotchilles, regarde: des couteaux, des rasoués, des palourdes, des borlicornes, des bigorneaux et pis la grand Saint-Jâcques, regarde! C'est pas une beauté, ça? Pis y a toutes les couleurs de cailloux. Y en a même qu'i' les appelont des agates et qui les ragornont sus nos côtes pour aller les vendre à Montréal pis aux États. I' vendont nos cailloux aux femmes riches qui se les enroulont autour du cou. Tu ouas? À la place de pêcher tes arêtes de poisson dans l'écume, tu pourrais ramasser des cailloux, coume les vacanciers, et t'en aller les enfiler dans les plumes des belles mouettes qui se dandinont sus la boueye là-bas. Il faut saouère parler aux créatures, mon vieux; pis de temps en temps, ben, faire semblant de leu bailler une petite affaire. Un caillou. Une cotchille de rasoué. Sais-tu au moins la suivre, vent devant? Je t'ai vu, pas pus tard qu'hier au souère, te câbrer l'échine et te briser les ailes à tournailler autour d'une goélonne qui se moquait de toi.

Cri du goéland.

Oui, a' se moquait de toi, viens pas dire le contraire. A' s'en venait droite, par icitte, quand c'est que t'as ersoudu, a' volait sans s'énarver, les ailes grand ouverts, en laissant la brise la porter. Elle était justement là, au-dessus du rocher, la tête en l'air et le bec pointu du bôrd de la lune en faisant des petits ronds, coume ça... N'importe qui arait compris qu'y avait là une créature ben chaude, ben parée, et que c'ti-là qu'ariat la chance de passer par là à c'te heure-là pourrait en profiter. Ben toi, t'as ersoudu coume un bœu' de garde. Ouais, un bœu' de garde!... devant une pareille petite colombe.

...Un souère, je rentrais des huîtres et j'avais eu du trouble avec ma dôré. Toute la jornée j'avais été obligé de béler c'te satrée carcasse qui pornait l'eau. On était au mois d'avri', i' faisait frette et pis j'avais faim. Et je me disais: si je peux me rendre à la côte, je prendrai même pas le temps d'amarrer mon botte ni de jeter l'ancre; ben je foncerai droite sus ma cabane et là, je me réchaufferai les pieds dans le fourneau; je me remplirai la phale de crêpes de boquouite; je fumerai ma pipe d'Old Spice et je cracherai à côté du spitoune; et pis je ramasserai la femme avec une main et je la garocherai sus le matelas... que je me disais. Ben quand c'est que j'ai mis les pieds dans la cuisine, y avait ni hariottes pour chauffer le poêle, ni farine de boquouite, ni tabac dans ma blague. La Sagouine était là tout seule, les bras ballants. Quoi c'est qu'i' reste à un houme qui rentre de la pêche avec une dôré porcée? Je l'ai

ramassée, ma femme, sans dire un mot, et pis...
Et pis yelle, c'est pas sartain qu'elle a jamais compris ce qu'un houme pouvait endurer tout seul au large une jornée durant, à jongler. Ça y a pris du temps à me pardouner.

Au goéland:

Oui, un bœu' de garde, devant une mouette; je t'ai vu.

...Pourtant, à l'âge que t'as, tu devrais saouère mieux. Parce que penses-y, mon vieux, que t'aras pas tout le temps c't âge-là. I'viendra un temps où c'est que tu regretteras d'aouère manqué ta chance. La jeunesse, c'est une chance qui passe point deux fois. Ceuses-là qui savont point en profiter... Ça c'est pas coume de l'argent, ou du bois de chauffage, ou du poulet en can: ça se consarve pas. Tu peux point dire: je vas en prendre une petite goutte aujord'hui, pis je vas en garder pour demain. Non, la jeunesse, c'est la seule chouse qu'une parsoune peut point mettre de côté pour ses vieux jours. Ça fait qu'à ta place, moi, j'assayerais de m'en servir droit asteur. Pis si tu sais point coument faire, viens m'en parler, je pourrais peut-être te bailler tcheques trics.

...La premiére chouse, coumence par te forbir les plumes une petite affaire; t'es sargailloux à faire honte au Juif Errant en parsoune. Pis redorse-toi quand c'est que tu marches dans le sable, lève la tête droite, coume ça. Faut point que t'oublies que c'est toi le chef. Les prêtres le disont: l'houme est le chef de famille. Ben dis-y pas trop à yelle. Seye le chef, mais laisse-les gouvarner. Par rapport que tu t'aparcevras vite assez que mener une famille, c'est plusse malaisé que tu crois. T'es mieux de laisser ça à la femme, sans trop y dire, laisse-les par les petits prendre la maison à charge. À sara ben que t'es le chef pareil quand c'est qu'a' te ouèra fumer ta pipe après le repas et cracher à côté du spitoune.

...Prends garde, par exemple; fais-les pas trop enrager. Le temps passe et tu le rattraperas pus. Chaque nuit de pardue est une nuit de pardue. Prends le temps de louter tes bottes avant de grimper sus le sommier. Même quand c'est que t'es jeune, l'été, loute tes caneçons. Pis parles-y une petite élan. Une femme a besoin de ça. Oh! pas besoin de reprendre le prêche que t'as entendu dimanche, ben dis-y... je sais pas... dis-y...

Cris du goéland.

Non, pas coume ça, batêche!... (*Il s'adoucit.*) Ah! je crois ben que j'avons point le choix, parsoune: faut que chacun y parle dans son jargon à lui. Ouais... C'est ça qu'est malaisé pour un houme, de trouver des mots qui disiont juste ça que sa tête veut dire, et qui le disiont de la boune façon. Ben y a des fois où c'est qu'un houme se figure que les paroles y gèlont dans la goule avant d'y passer entre les dents. Tu voudrais dire... je sais pas, tcheque chouse coume: «T'as point forbi aujord'hui? on dirait que ta main est pus blanche

42

que d'accoutume!» Ben tu t'enfarges et tu finis par l'insulter. À la fin, a' croit que tu y reproches de point travailler assez. C'est malaisé. Je sons pas ben parlants sus les côtes: y a trop de vent, et la mer fait trop de train. Je me souviens qu'une jornée — j'étais une jeunesse encore, et j'avais peur de rien, ou je croyais que j'avais peur de rien — j'avais entendu un matelot appeler la Catoune: «mon chou», pis «mon trésor». Et j'avais ben vu que la Catoune avait aimé ça. Ben les matelots, ça venait de Québec, ça, et ça savait parler aux filles de par chus nous. Ça fait que c'te fois-là, je m'avais dis en moi-même: Pourquoi c'est ouère que ça serait-i' les étrangers asteur qui s'en viendriont nous prendre nos filles avec leux belles paroles? Ça fait que je m'avais pratiqué toute un après-midi sus l'eau en pêchant l'anguille. Ah! c'était pas pour dire «mon trésor» pis «mon chou», c'est point notre langue à nous autres ça. Ben je pratiquais nos mots: «ma pelure», que je disais. Je l'ai dit sus l'eau et je pourrais faire sarment que là, la face au large, ça sounait ben. Ben le souère, quand j'ai voulu assayer d'y dire...

...Pourquoi c'est qu'un houme a si peur de vivre quand c'est que c'est le temps! Quoi c'est qu'il espère, d'être mort?

Aie!... Mon salaud! I' m'a chié sus la tête. Ça vaut la peine d'assayer d'instruire une jeunesse, pis d'y bailler quequels conseils sus la vie pour point qu'i' faisit les mêmes fautes que toi... Ça te chie sus la tête. Pis ça ira sus la Pointe aux coques, après ça, faire des maniéres aux vacanciers

43

le dimanche après-midi. Mal élevé! Malpoli! C'est pas le boiteux qu'arait traité son maître de même.

... C'ti-là i' savait se comporter coume du monde. I' te chiait pas dans la face durant que tu y parlais, toujou' ben. I' t'écoutait. I' te compornait. Il avait accoutume de se pitcher là sus le rocher aux mouettes, pis de regarder droite devant lui, toute une jornée, coume si ç'avait été lui le gardien. J'arais pu y abandouner ma light, je suis sûr qu'il arait été capable de la garder. I' se plantait sus le fait de la roche et i' faisait juste de se torner la tête, avec le fanal. Il avait point besoin des vieux pays pour vivre, lui, i' savait se contenter de son rocher. Pis i' savait trouver sa nourriture icitte, sus la dune, sans aouère à forlaquer pis galipotter au loin, dans le suroît ou le nordet. I' se pitchait juste là, en face... les plumes au vent, avec un duvet sous la gorge qui frissounnait à la moindre brise. Pis i' se penchait la tête une petite affaire pour mieux t'écouter. Ça fait qu'un houme qui s'aparçoit que tchequ'un l'écoute, ben il est porté à y parler. Ça c'est un affaire que j'arais pu y dire itou à la Sagouine: faut que t'écoutes si tu veux que tchequ'un te parle; faut point que tu y disis tout le temps d'arrêter de badgeuler. Par rapport qu'y a ben du badgeulage qu'en est point du vrai. Un houme souvent fait semblant de disputer pis de blasphêmer. Ben ça veut point dire qu'il est tout le temps enragé, ça. Des fois i' badgeule parce que la gorge y démange, c'est toute: il a rien contre parsoune. Avec le vieux boiteux, je pouvais badgeuler mon saoul, i' se plaignait pas. I' savait ben lui, que c'était rien, qu'un houme qu'i' jure est pas en train d'insulter le Bon Djeu, Boune Viarge! C'est rien que l'alouette qui y chatouille. (*Il rit de sa blague.*)

Long cri d'un goéland.

Sacordjé! quoi c'est que le lamenteux qui geint au loin! Y a-t-i' rien que des plaignards sus c'te dune? (*Il examine la mer.*) Ben... ben... Sancta Maria de Djeu!... C'est lui! C'est le boiteux. Aie! va-t-en pas! espère-moi! Espère! Viens, j'ai de l'abouette à matin!

Gapi court sur les roches en appelant l'oiseau. Soudain il glisse et tombe à l'eau. Il se débat sous les cris affolés des goélands. Finalement il s'agrippe à un baril, atteint les roches et remonte sur la dune, essoufflé et crachant.

...Heh... heh!... Sacordjé!... C'est salé... Rien que de l'étchume. Heh!... Heh!... J'ai passé proche d'y rester... Un pouce de la vie étarnelle. Je calais pour la troisième fois. Et avec la mort, un houme a point quatre chances. Ben y a eu le baril. Satré vieux quart!... Et pis c'était même pas lui, l'oiseau. Si je peux mettre la main sus l'enfant de chienne qu'a voulu me faire des acrouères et qu'a fait semblant de boiter sus la roche aux mouettes... Ça le ressemblait à tromper Notre Saint Père le Pape et tout son Saint-Siége. J'arais

45

fait sarment qu'i' traînait de l'aile, le petit godê-che!

...Un houme est pesant là-dedans, tout habil-lé.

Il se déshabille.

Ah! Viarge! une chemise porcée, des culottes qui gonflont et pis des chaussettes qu'avont mê-me pus la jarnigoine de garder leux orteils en-dedans. Un houme tout seul... C'est le Bon Djeu qu'avait raison: fallit bailler une femme à Adam-et-Ève.

Il étend ses vêtements sur les roches et reste en caleçon.

Ça m'apprendra à me fier à un oiseau. Et pis à me fier aux roches. Et pis à me fier à la mer. À l'eau, mon vieux, fie-toi à un baril, c'est la chou-se la pus sûre qui flotte.

Il le tâte et le sent.

Hum... et pis i' sent encore le rhum, l'enfant de Djeu. Hé-hé! Hein, la Sagouine! Je t'avais-t-i' pas dit que la flacatoune, ç'avait jamais tué un houme? La mer, oui. Ça en a pris un pis un autre. Ludger à Nézime l'a su. Et pis le garçon à Jeffrey, Et pis le vieux Fardinand. Tous des pêcheux, pour-tant, qui counaissiont la mer coume l'archevêque counaît les péchés. Ben a' les a eus pareil. C'est ça qu'est pas juste: qu'un pêcheux qu'a passé sa vie sus l'eau, doivit ensuite y passer son étarnité en-dessous. Ah! Sullivan, lui, il a pour son dire... Sullivan!

Non, l' me feront point accrouère à moi, Gapi, que c'est juste. Y a rien de ça qu'est juste. Ni la vie, ni la mort. La mort encore ben moins. Asteur, qui c'est, pouvez-vous me dire, qu'arait pu penser à ça? Sans blasphêmer, quoi c'est qu'y a de bon et d'honorable dans la mort d'un houme, hein? l' se débat, i' crache, i' renâcle, i' râle, i' pète, et l'âme y sort du corps. Et ceuses-là qu'avont pété toute leu vie pus haut que le trou, ça les empêchera point ça de passer l'âme, coume les autres.

Tout ce temps-là, il s'efforce de se réchauffer les pieds avec sa casquette de laine.

Je le dirai aux beaux parleux qui s'en viendront me dire que la mort est une boune affaire:

— Une boune affaire pour qui? que je leu dirai. Pour ceuses-là qui restont darriére, peut-être ben, pis qui collectont l'héritage.

— Mais celui-là qu'est mort a pus de trouble, qu'i' diront.

— Quoi c'est que vous en savez? Et si ses troubles faisiont rien que de coumencer? C'ti-là qu'est destiné de l'autre bord à la chaudiére, et pis, qui se réveille pour apprendre qu'i' va passer son étarnité à pelleter du charbon, vous croyez que la mort pour lui sera une boune affaire et qu'il aimerait pas mieux, c'ti-là, point se réveiller pas entoute?

Ah! si t'étais sûr de ton paradis, pis d'un paradis coume tu l'aimes, avec tout ce que t'arais voulu aouère ce bord-citte ben qu'était résarvé aux autres. (*Il soulève le baril.*) Pouère prendre dans tes bras un bon petit baril coume ça, plein de whisky, ou de rhum, ou de biére aux mères si y a rien d'autre, et saouère que tu peux le vider sans d'intchéter par rapport que les anges viendront le remplir à mesure. Des beaux anges qu'en seriont point des vrais, ben, putôt des catoune rendues par là et qui se laisseriont faire. Ah! le temps me dure d'y aller.

> *Il caresse le baril et finit par rouler sus le sable. Puis il se redresse brusquement.*

Ben pour arriver là, i' faut que tu passis par la mort auparavant... Tu cales, tu t'enfonces, tu prends ta respire et pis c'est de l'étchume qui te remplit les pommons pis l'estoumac. ...Heug!... Ben pourquoi c'est faire que tu nages pas? qu'i' voulont saouère. ...Heh! par rapport que tu sais point nager, c'est toute... Et pis pourquoi c'est faire que tu sais point nager? ...Par rapport que t'es un pêcheux, et que j'avons encore jamais vu un pêcheux nager sus nos côtes. Et ça, je vous dis, tout de suite qu'y a pas de pourquoi c'est faire. Un pêcheux, ça nage pas: c'est toute.

Nager c'est bon pour des vacanciers ou ben des genses des villes qui voyont de l'eau une semaine par an. Pour ceuses-là, la mer c'est un pique-nique ; pour nous autres, c'est un gagne-pain et pis une back-yard, ça fait que j'allons point patauger dedans pour nous amuser.

...J'en ai vu en masse de leux voiliers, pis leux speed-boat, pis leux skis accrochés au gou-varnail à faire revoler l'eau jusqu'aux dormants du pont de railroad. Avant longtemps je ouèrons de ces effrontés partir en raquette sus la baie au mois de juillet. C'est qui c'est qui passera le pus proche de la mort. Faut crouère que leu vie, à ce monde-là, est pas ben risquée pour qu'ils ayont un pareil besoin de se bailler des peurs. Nous autres, ça vient tout seul, ça, et je sons point obligés de les payer. Hormis de les payer de notre peau, coume le garçon à Nézime ou c'ti-là à Jeffrey. Ben ceuses-là l'aviont point fait exprès.

Sirène de bateau au loin.

...La vache-marine !... C'est lui !... C'te fois-citte, le v'là ! (*Il commence à se rhabiller, puis s'arrête soudain.*) Ah ! non ! Là, i' me prendront pus. Je m'ai jeté à l'eau pour un goéland qu'était pas le bon, i' me pogneront pas à courir après une goèlette qu'en est pas une vraie. Non, i' me prendront pas deux fois dans la même jornée.

Cris affolés des goélands.

...Ben oui, allez-y, allez-y, vous autres, allez vous casser le bec sus les mâts du vaisseau fantôme... Pis si vous aparcevez le revenant de Sullivan, sus le beaupré, disez-y que Gapi est encore sus le boute de la dune, du bord du suète. Disez-y que Gapi est encore dans les roches... Ben allez point y dire qu'i' s'a garoché à l'eau, i' serait capable encore de m'ostiner sus ses vieux pays et pis essayer de me faire accrouère que les mers du sû sont pas si marâtres que c'telle-citte... Et pis disez-y rien entoute, au Sullivan, parce qu'i' sera pas là, coume d'accoutume.

Il s'assoit et aiguise ses fouenes et ses harpons.

Trois ans... trois ans qu'il est point revenu, le navigueux. Trois ans sus l'eau à voguer d'une mer à l'autre, d'une terre à l'autre, d'une vie à l'autre. Une vie de chien... Ben des fois, je me demande si sa vie de chien vaut pas c'telle-là d'un pêcheux de coques pis de hareng. Pis c'telle-là d'un allumeux de fanal. Matin et souère pis souère et matin, t'éteins pis t'allumes ta light. Tu grimpes tes quarante-six marches, t'allumes, pis tu dévales les marches à reculons, tous les quarante-six. Pis tu sais que le souère d'ensuite, te faudra les regrimper encore un coup pour un fanal que t'éteindras le lendemain matin. Jour après jour, t'allumes, t'éteins, t'allumes, t'éteins, t'allumes... ça te fait une maudite vie de radoteux, ça... Pis quand c'est qu'i' te reste pus rien que les goèlands à qui c'est conter tes troubles... et pis quand c'est qu'enfin t'en as dénigé un, un vrai c'ti-là, qui sait t'écouter, et pis comprendre ce que t'as en train d'y dire, et pis que c'ti-là itou s'en va, un matin de brume, sans t'avarti', sans même te dire à la revoyure!... après ça, Gapi, ragorne ta carcasse pis rassemble tes vieux ous: i' te reste pus rien que toi-même à qui c'est parler.

...C'est peut-être ben ça être en vie: saouère que t'es encore là, toi, quand c'est que tous les autres sont partis... Ouais, quand c'est que tout le monde est vivant, parsoune s'aperçoit de sa vie. Faut quasiment qu'un houme seyit en train de caler pour la troisième fois avec ses pommons pleins d'eau salée pour voulouère tant s'accrocher à c'te monde-icitte.

...Et pis quoi c'est au juste qui l'accroche, pouvez-vous me le dire?

...Quand c'est que tu te bats avec les lames, tout proche du rocher qui se met à reculer devant toi sans que tu pouvis rien faire... tu ressouds la tête de l'eau pour la darniére fois, et quoi c'est qui te reste dans la vission pour emporter avec toi dans l'autre monde? Ta light! De toutes les souvenances de ta vie, c'est ça que t'emporteras en paradis, ta light?

Ma light!

Je me souviens la premiére fois que j'ai débarqué sus la dune et pis que je l'ai vue se redorsser là dans le sable, droite devant moi. J'étais haut coume ça, et c'est mon défunt pére qui m'avait emmené dans la dôré. I' m'avait dit: Tchens-toi tranquille, et je te ferai ouère le fanal de la dune. Dans le temps, c'était un fanal qu'il fallit allumer souère et matin et pis matin et souère. Ben même du temps que c'était un fanal, la lighthouse avait l'air d'un étouèle sortie flambant neuve de la mer. Et pis toutes les histouères qu'i' nous avaient contées sus le fanal de la dune: les pirates, pis les naufrages, pis la mort du défunt Fardinand. Je me disais ce temps-là: un jour je l'allumerai, moi, le fanal de la dune. Pis le jour est venu. Ben par ce temps-là, c'était déjà pus un fanal, c'était une light qui s'allumait tout seule. Ta job à toi, c'est de la regarder faire: c'est ça qu'ils appelont le gardien de la dune.

...Trois ans!... I' reviendra pus, le Sullivan, peut-être ben pus jamais. Trois ans sus l'eau, ça vous en fait ça des jours de vie en pèri'. Et il avait beau dire, les mers du sû devont être aussi pesantes sus l'estoumac d'un houme et aussi salées d'étchume que c'telle-là de par icitte. Je me fie à parsoune, moi, ni à rien. Pas même à la mer qui m'a nourri. Il arait pas dû s'y fier non plus, le Sullivan. Il l'a payé. I' ersoudra pus au boute de la dune, avec son casque sus le cagouette, et pis son poing farmé, qui s'écrase sus ton épaule, et pis son: «Câlisse de tabarnacle de Gapi!» Ça c'en est un autre de ses exportâtions des vieux pays. I' pouvait point jurer coume du monde, Sullivan; parce qu'il avait voyagé, fallit qu'i' nous garochit des jurements qu'il avait ramassés au loin: Câlisse de tabarnacle d'hostie, asteur. Sapré Sullivan, il était point aisé.

Sullivan... coument vous dire asteur... Sullivan, c'était maniére d'un houme point coume les autres. Partout où c'est qu'il a passé la veille, le lendemain matin le monde se souvenait encore de lui. La première fois que j'ai eu affaire à Sullivan, j'étais quasiment une jeunesse encore; ça fait lui, c'était un moussaillon. J'ai fessé dessus coume je sortais de sus le vieux Desroches qui mariait sa fille. J'avions été y faire une petite chavari. Et c'est là que je rencontre c'te jeunesse-là qui me dit:

— Pourquoi c'est que tu prends par le sû? les noces sont-i' point au nôrd?

— Ben les noces sont finies, que j'y ai dit; chacun rentre au logis.

— Rentre au logis? qu'i' dit. Ben quelle façon de monde que vous êtes par icitte qu'i' faut rentrer sus votre mére avant mênuit? Veux-tu dire que tu t'en vas avant d'aouère trouvé le coffre?

— Le coffre? que j'y dis; quel coffre?

— Ben pristie! le coffre au trésor, qu'i' fait.

Ça fait que j'ons parti tous les deux, bras dessus bras dessous, charcher le coffre. Pis tout d'un coup je m'ai arrêté pis j'y ai dit:

— Ben j'avons point de pic pis de pelle. Coument c'est que j'allons déniger un coffre avec nos mains?

— Hé-hé! qu'i' m'a dit. T'aras même point besoin de tes mains. Rien que ta goule pis une petite place dans les boyaux, qu'i' dit.

Là je compornais pus rien entoute. C'est rien qu'une couple d'heures pus tard, quand c'est qu'i' m'a amené sus des chums à lui au Fond de la Baie, que j'ons trouvé le coffre. Un beau coffre en bois franc, quasiment pas piqué de vers, avec des pentures pis des pognées d'argent.

— Rouvre-les, qu'i' m'a dit, le Sullivan.

J'ai rouvri. Pis j'ai soulevé une couvarte, pis un drap, pis un oreiller, pis en-dessous... hé-hé... trois rangées de bouteilles, ben cordées, ben grousses, pis ben pleines. Apparence que les gars du Fond de la Baie aviont volé ça aux houmes du grand Vital qui faisait la run de rhum dans le temps.

Demandez-moi pas quel chemin que j'ai pris pour me rendre chus nous. Ben j'ai quitté le Fond de la Baie dans la nuit du dimanche et j'ai rentré au logis le mecordi matin. Pis parsoune a voulu me crouère, ben tout le long du chemin, neuf milles de long, dans tous les logis de la côte, ça jouait du violon.

On aperçoit Sullivan qui approche dans le dos de Gapi.

...Ben farme ta goule, Gapi, i' reviendra pus, ton Sullivan, pus jamais! Faudra que t'apprenis à vivre tout seul, asteur, et pus jamais espèrer parsoune... Y a pus parsoune... parsoune...

Cris des goélands qui s'affolent.

Non, parsoune! Pis farmez-vous, vous autres! Je peux rester tout seul. J'ai pas besoin de parsoune. Allez-vous en! allez-vous-en! Un houme peut rester tout seul.

Sullivant lui donne un grand coup de poing sur l'épaule. Gapi fige.

SULLIVAN

Câlisse de tabarnacle de Gapi! Quoi c'est que tu fais en caneçons sus la dune, à l'heure qu'il est?

Gapi se retourne lentement. Les deux hommes se toisent. Puis ils éclatent de rire. Cris des goélands.

ENTRACTE

DEUXIÈME PARTIE

*Gapi et Sullivan réparent un bateau renversé
sur le sable, devant le phare.*

SULLIVAN

Ben je t'avais-t-i' point dit, Gapi, que je reviendrais? Je t'avais dit: Espère-moi, Gapi; je m'en
vas faire un petit tour là-bas, par les vieux pays.
Je m'en vas écornifler une petite escousse au boute
du monde. Ben espère-moi. Parce qu'aussi ben te
dire qu'à l'heure que tu me croiras mort, je ressoudrai et je te pognerai au lit!... J'aurais jamais
cru, par exemple, que j'allais te pogner sus la dune
en caneçons, trois jours passés... hé-hé-hé!

GAPI

Heuh!

SULLIVAN

Ah! ben, y a rien de gênant là-dedans, rebiffe-toi
pas. Des hommes en caneçons, j'en ai vu avant
asteur. Même des hommes tout nus. J'en ai vu
dans les vieux pays qu'aviont rien qu'un ruban
autour des reins, un ruban pas pus large qu'un
lacet de bottine. Et ils aviont point l'air d'avoir

honte. Pis des femmes avec tout le haut du corps à l'air qui tournoyont autour de toi et pis... Ben, peux-tu me dire quoi c'est que tu faisais en caneçons sus les roches ce matin-là, Gapi?

GAPI
Je voulais pas que le change seyit trop raide pour toi quand c'est que tu t'en reviendrais de tes pays chauds.

SULLIVAN
Tabarnacle, Gapi, enrage-toi pas, câlisse!

GAPI
Ça jure encore dans ces pays-là?

SULLIVAN
Ça jure, ça renâcle, ça huche, ça pète, ben... sus une note pus haute que par icitte.

GAPI
Ça doit péter sus l'air du «Grand mât d'une corvette», je crois ben. Et pis ça badgeule-t-i' quand c'est que tu leu marches sus les pieds?

SULLIVAN
Tu te marches point sus les pieds quand c'est qu'y a de la place pour tout le monde. C'est grand la terre, Gapi. Un globe. Rond pis gros. Un petit brin rocailleux par boutes, ben d'autres boutes sont doux comme de la mousse. Et pis ça tourne. Une vraie merry-go-round. Pis une fois embarqué, tu te laisses emporter. Tu te jouques sus le fait du monde pis tu te laisses emporter dans les îles, sus l'eau, pis sus des terres ben neuves...

GAPI

...où c'est que jamais parsoune a mis les pieds avant toi.

SULLIVAN

Comme ça tu veux pas me croire, Gapi, que j'ai vu le monde. Ben quoi c'est que j'aurais fait toutes ces ânnées parti, à ton dire?

GAPI

Mangé, dormi, jobé, coume tous les autres... Sancta Maria de Djeu, j'ai de la misère à crouère, moi, qu'une vie au loin — pas de diffarence coument loin — est plusse une vie, asteur, qu'une vie sus les côtes ou ben sus la dune. Une vie, c'est une vie, pas pus longue, pas pus large, pas pus épaisse parce qu'a' se passe ailleurs. V'là ce que j'ai à dire, moi, Gapi, et je te le dirai en pleine face, itou.

SULLIVAN

C'est ben, c'est ben, enrage-toi pas. Parsonne a rien à redire contre la dune, ni contre tout le pays des côtes, tant qu'à ça. J'assaye même pas de te dire qu'i' fait pus beau ailleurs... au loin... où c'est qu'y a des bananes partout qui te râclont la tête quand c'est que tu passes sous les palmiers; et pis des coconuts que des babounes s'en venont en parsonne te garocher sus la tête; et pis des oranges à jus grosses comme des citrouilles dans les âbres...

GAPI, *ironique*

Oh! pauvres petits âbres! I' devont aouère mal

aux branches à porter une pareille pesanteur. Des citrouilles dans les âbres, asteur !

SULLIVAN
Pis des peanuts en coquilles dans les champs de beluets.

GAPI
Dans les champs de beluets ?

SULLIVAN
Ben c'est des champs que je pourrions appeler des champs de beluets ; ben par là, y a point de beluets, y a des peanuts.

GAPI
Et pourquoi c'est qu'i' voulont pas aouère de beluets ? c'est pas assez pour zeux ?

SULLIVAN
Non-non, c'est parce qu'y en a en masse par icitte, c'est pas assez rare. As-tu déjà entendu parler de blé d'Inde pis des cosses de fayot en Chine pis en Afrique ? Non, en Chine pis en Afrique, y a des

GAPI
...des nègres pis des Chinois.

SULLIVAN
Y a des bambous, pis des girafes, pis des ananas.

GAPI
Des quoi ?

SULLIVAN
Des ananas. C'est comme une maniére de... (*Il fait des gestes.*) Ça ressemble aux tétines de la Sainte.

GAPI

Ah!... c'est si râcheux que ça?

SULLIVAN

Ça fait quand c'est qu'un pays peut pousser des coconuts pis des ananas, je vois pas pourquoi c'est qu'i' s'amuserait à planter des beluets pis des pommes du mois d'août.

GAPI

Ben nos poumes du mois d'août à nous autres sont pus douces que les tétines de la Sainte, je pouvons pas nous plaindre. Ça ressemblerait putôt à ceuses-là de la belle Carmélice, à mon dire. Ça fait que j'avons point affaire à changer nos poumes à la Carmélice pour les nanas des vieux pays.

SULLIVAN

Ben quoi c'est que tu baillerais en échange des peanuts? (*Il lui en offre une poignée.*) Regarde. Je t'ai rapporté ça du boute du monde, tout épluchées d'avance.

GAPI, *qui y goûte*

Hum... sont salées, tes peanuts. T'as acheté ça au Five 'n' Ten à la ville en débarquant. Menteux de Sullivan!

SULLIVAN

Ah! ben si tu veux point me croire, je vois pas pourquoi c'est que je me forcerais à t'instruire, Christ Almighty!

GAPI

Tchens! c'en est un tout neu', c'ti-là. Où c'est que tu l'as dénigé, ton Almighty, en Nova Scoché?

SULLIVAN
qui voit Gapi arracher un bardeau
Hé, Gapi, décolle pas c'te patch-là.

GAPI
Ben c'est du bardeau, ça. Quoi c'est que l'idée de bardotter ton fond de cale? Par chus nous, j'avions accoutume de bardotter les couvartures des maisons.

SULLIVAN
Pour pas que ta cabane pornit l'eau. C'est la même chose avec un bâtiment: faut point le quitter prendre l'eau.

GAPI
Ouais ben... m'est avis qu'avec c'ti-citte, t'as dû quasiment prendre l'océan.

SULLIVAN
Ben c'est-i' pas pour ça qu'un navigueux se bâtit: pour prendre la mer?

GAPI
Avec ça?

SULLIVAN
Non, voyons! Avec ma dôré je me rends au quai, où c'est que mon botte est ancré. Un grous steamer à deux cheminées capable de prendre la mer au large. Au large du large. La grand-grand'mer qui finit pas... ben qu'aboutit au boute du monde. Ah! laisse-moi te dire qu'un homme a beau être rien qu'un homme, quand c'est qu'il a vu le monde... et qu'il l'a presquement pogné dans ses

mains, comme un caillou, et qu'il l'a pesé, et pis qu'il l'a mordu... (*Il mord dans le caillou et se casse une dent.*) ... Marde!

GAPI

Hé-hé-hé... il est dur le monde, Sullivan. C'est ça que j'ai tout le temps eu à dire, moi. Fie-toi au monde, pis tu ouèras qu'i' te cassera la goule... Aide-moi à la virer de bôrd, ta dôré. Faut y examiner le dedans du ventre asteur.

Ils s'acharnent sur la chaloupe et finissent par la renverser. Ils s'assoient dedans et continuent à la réparer.

SULLIVAN

Un caillou avait pas accoutume d'être si dur que ça.

GAPI

C'est un caillou de par icitte. La vie a tout le temps été pus dure qu'ailleurs sus les côtes. Ben ça c'empêche point le monde qui quitte le pays de s'en revenir un jour, coume si i' s'ennuyont de manger des cailloux.

J'en ai vu coume toi, Sullivan, qu'avont parti faire leur vie aux États pis à Labrador. Au coumencement, ça s'en revenait tous les étés nous conter la belle vie que ça vivait au loin. Ça revenait en souliers blancs pis en chemise fine, assis dans un Chrysler à quatre portes, tout chrômé pis mirant, avec sa tcheue de renard dans le vent et toutes ses lights allumées en plein jour. Ça travorsait le village à quatre-vingts milles à l'heure, sus deux roues, en huchant du borgo pour réveiller les morts. Ben veux-tu saouère, Sullivan? Ceuses-là s'en avont revenus se bâti' sus la côte une petite maison pour abriter leux vieux jours.

SULLIVAN

Ouais?

GAPI

Ouais!

SULLIVAN

Ben dans leux vieux jours, quoi c'est qui essayont d'abriter?... Leu souvenance, la souvenance de tout ce qu'ils auront vu durant leur vie. C'est pas toute, Gapi, d'avoir un logis pour tes vieux jours; i' te faut le meubler, ton logis. Ben un homme qu'a vu de quoi dans sa vie, il a de quoi à mettre dans son gornier pis dans sa cave.

...Moi, quand c'est que je serai vieux, je vas me bâtir une lighthouse, comme la tienne; et pis je vas venir tous les jours regarder au loin passer les goèlettes pis les steamers; pis je vas me souvenir de tout ce qu'y a là-bas, dans toutes les villes, pis tous les pays du monde...

...J'ai vu des aléphants avec des cornes aux mâchoires, pus longues, ma foi du Bon Djeu, que les jambes au grand Polyte. Tu te souviens des jambes à Polyte. Ben Polyte, pour embarquer sus un aléphant de même, aurait été obligé de prendre un échelle. Ils engagiont des nègres pour leur laver l'échine pis la trompe. Ben rien que pour laver une trompe d'aléphant, ça pornait au nègre plusse d'eau que tout ce que ta Sagouine en dépense pour forbir la place des Arvunes.

...Parlant de yelle, comment c'est qu'a' se comporte, asteur, ta petite saloppe de forlaque?

Gapi le regarde et Sullivan comprend.

Ah!... ça fait-i' longtemps?

Geste vague de Gapi.

Ouais, c'est comme ça... Des fois, la vie... Goddam!

...Maudit qu'y a des goèlands à mâtin! Les nourris-tu à la cuillère, Gapi? Poutipoutipoutipouti... Quoi c'est que vous voulez, mes petits cochons? Je gage que vous voudriez voir du pays, hein? Vous aimeriez pas prendre le large, un matin, par les mers du sû? Là y en a des oiseaux! Des beaux perroquets verts pis jaunes qui parlont français pis anglais dans les deux langues, mieux que n'importe quel commis du gouvarnement. Pis des grands lingards roses, jouqués sus des pattes pus fines que c' telles-là à la Piroune. Et pis avec un derriére de pluche qui se dandine coume c'ti-là à la Cruche... ouf! Ah! c'ti-là de vous autres qu'aura vu ça, sera point tenté de s'en revenir vivre sus une roche avec les becscies. (*Il reçoit un poisson sur le nez.*) ...Ah! le petit tabarnacle de sacrement d'hostie! I' m'a largué son hareng dans la face.

GAPI

Hi-hi-hi!...

SULLIVAN

Ç'a pas d'éducation, ces goèlands-là! On voit ben que ç'a jamais rien vu.

GAPI

Hi-hi-hi!...

SULLIVAN

Ça leur prendrait une couple de voyages à la ville, parmi les pigeons, pour apprendre à être propres... À la ville, ils apprendriont à voir du monde, et à point leur garocher leu carcasse de poisson sus la tête. Dans les poubelles, tes déchets, mon vieux, et ton caca dans la toilette. C'est ça du monde civilisé.

...Quand c'est que tu l'as vu une fois, leur monde civilisé, t'as pus envie de t'en passer. Tu parles des inventions qu'ils avont par là, m'n homme! Des maniéres de façons de grosses machines pour tout faire: ça fait de la gomme, des boutons, des bicycles, des crayons, des catins, des portes, des réfrigérateurs et du poulet en can... toute! J'ai vu dans une shop, Gapi, pas moins que dix douzaines d'hommes, tout habillés pareil, deboute toute pareil dans une rangée ben droite, à regarder passer des clous. Tous des clous pareils. Des millions de clous. Pis tout ce que ces travaillants aviont à faire, c'était de virer les clous de bord quand ils leur passiont sous les yeux. Les machines aviont tout fait les clous tout seules. Ça c'est de la civilisation.

GAPI

Ben, une machine qui peut faire un clou tout seule, ça me ressemble qu'a' pourrait apprendre à le virer de bôrd itou.

SULLIVAN

Mon Djeu, Gapi, que t'as donc pas voyagé!

GAPI

Heuh!

SULLIVAN

Pis t'as pus besoin de t'user l'huile des jambes à grimper des échelles ou ben des escaliers par là. Des ascenseux, m'n homme, des ascenseux qui montont tout seuls. Tu pèses sus un bouton, la porte se rouvre, tu rentres, tu pèses sus un bouton, la porte se farme, tu pèses sus un bouton, ça monte, ça monte, trois étages, dix étages, trente-deux étages, le cœur te lève, tu vois passer tous les étages comme des élouèzes, tu t'attrapes l'estoumac, tu veux hucher, vomir, t'étouffes... t'es rendu, sans même avoir levé le pied. Tabarnacle! pour de la civilisation, ça c'est de la civilisation! T'as jamais rien vu de même par icitte.

GAPI

Ah! non, tant qu'à ça, par icitte, t'as point besoin de te bailler tant de trouble à peser sus tant de boutons pour dégobiller, sacordjé non!

SULLIVAN

Pis dans les rues des villes, y a assez de monde qui travarse, d'un sidewalk à l'autre, qu'i' sont obligés d'avoir des polices pour arrêter le trafic.

Un police ben droite avec un casque blanc sus les yeux, des boutons mirants tout le long du ventre, et deux barres jaunes qui y descendont des cuissiéres aux chevilles. Et pis là, i' l'avont de jouqué sus un tambour, le police, en plein mitan du chemin, avec tout le trafic qui fait le tour de lui, une jornée durant. Ça fait qu'i' se visse les bras ben serrés dans les épaules, le police, i' se met un sublet entre les babines, et pis i' commence ses gibarres. (*Sullivan sort son sifflet de marin et se met à diriger une circulation routière imaginaire.*) ...À gauche, à gauche, par là, à droite, vous autres, à droite, pus vite, à droite, pus vite... pus vite...

> *Petit à petit, on se met à entendre les goélands et à voir passer des ombres. Sullivan, pris à son jeu, dirige les goélands sur la grève, s'affole, se laisse submerger par les goélands qu'il confond avec la foule, et tombe.*

GAPI
Hé! Sullivan! largue ta civilisation, elle est en train de te jeter à bas.

> *Sullivan se relève, piteux.*

SULLIVAN
Godêche de sacordjé de volailles!

GAPI
Tiens! v'là que t'as appris à jurer coume un houme, Sullivan. Avant longtemps, tu feras pus peur

aux goèlands de la dune. Faut leu bailler le temps de s'accoutumer à tes maniéres civilisées, les pauvres petits ; ils avont point voyagé beaucoup encore.

SULLIVAN
Ça ferait du bien à tout le monde de voyager une petite affaire. Ça manque d'air icitte.

GAPI
Ça manque d'air ?...

SULLIVAN, *bredouille*
...Ça manque de place, d'espace...

GAPI
Ah oui ?...

SULLIVAN
...Et pis ça fera ben vite trois jours que je vargerai sus c'te carcasse... Si je veux pas y user le fond tout net, à ma guidoune... faut la larguer à l'eau. Ça fait pas de bien à une dôré de la garder au sec une trop longue escousse.

GAPI
Quoi c'est que tu ramaches là ? Tu parles de remettre déjà ta dôré à l'eau ?

SULLIVAN
Ben...

GAPI
Tu veux rebâsir, Sullivan ?

SULLIVAN
Un homme qu'a pris la mer une fois, il a comme le cœur viré par le large.

GAPI

Écoute, Sullivan, y a peut-être ben moins d'eau sus la côte, pis elle est peut-être ben moins grousse pis enragée, ben c'est de l'eau, pareil, pis de l'eau salée. Une dôré dans c'te baie-citte passerait des beaux jours, tu sais.

SULLIVAN

Ah oui, je le sais, c'est une sacrée bonne baie, ben garnie de havres pis de barachois. Une bonne baie au creux de la dune, tant qu'à ça, et une dôré là-dedans se plaindrait pas, ben...

GAPI

L'autoune passé, j'ai pogné une morue, Sullivan, une morue haute coume ça, droite icitte, au pied de la light. Elle avait le gésier grous de même, la son of a bitch, et pis une arête le long du râteau de l'échine... Oh! la goddam! j'arais voulu l'encadrer.

SULLIVAN

T'avais pogné c'te saloppe-là droite icitte?

GAPI

Dans huit pieds d'eau, Monsieur. À marée haute, du bord du sû, l'eau couvre quasiment le rocher aux mouettes; et aux grands marées, faut que je watch ma light.

SULLIVAN

Christophe Colomb!

GAPI

...La nuit, des fois, je me lève, pis je m'en viens m'assire sus la roche, à cet endroit icitte, pis j'avise au loin, dans le seillon de lumiére. À tous les sept-huit secondes, la light fait le tour de la mer, et je guette quoi c'est que je ouèrais s'aouindre au boute de l'eau, là-bas...

SULLIVAN
...Au boute de l'eau, c'est le commencement du monde, Gapi. Parce que même quand c'est que tu crois que t'es rendu au boute, tu t'aparçois qu'y en a encore, encore du monde, pis du monde, du monde... Ça finit pas.

...Tu t'allonges la tête par le châssis de ta dune, pis tu commences à voir de quoi qui grouille au loin. Tu sais pas ce que c'est, ben tu vas voir. Pis tu t'aparçois qu'y a queques îles au large de la baie, avec des lights comme c'telle-citte, du sable pis du rocher. C'est pas encore ben excitant, ni ben tentant, ça fait que tu vas renifler une petite affaire pus loin. Pis là tu déniges d'autres pays, avec des genses qu'avont la peau blanche pis les cheveux raides comme toi, ben qui juront dans des mots étrangers et se saoulont avec une biére que tu connais pas. Ça te fait comprendre qu'y a d'autre chose que de la biére aux méres, dans le monde, et t'aurais le goût d'y goûter. Ben là, t'es rien que rendu au « first base », Gapi. Quand c'est que t'auras achevé ta « home run », t'aras trouvé du monde avec la peau noire, pis jaune, pis rouge, pis des têtes de cheveux en queues de cochon.

GAPI
Des cheveux en tcheues de cochon?

73

SULLIVAN

Des hommes pas pus hauts que ça, qu'ils appelont des pygmées; et d'autres qui descendont des géants et qui pourriont allumer ta light comme le bedeau allume ses chandelles... Et pis, des filles... des belles grosses filles rien qu'abrillées dans des châles qui leur glissont le long des hanches quand ça gigotte au son des tambours et des tamdi-di-lam... ti-di-lam... ti-di-lam... (*Il danse. Gapi commence à se laisser séduire.*)

GAPI

C'est-i' dans le nôrd ou dans le sû, qu'y en a plusse de ces créatures-là?

SULLIVAN

Dans le sû, suête, nordet, nôrd, noroît, suroît... le monde est plein de trésors cachés. (*Il s'arrête de danser, s'approche de Gapi et devient confidentiel.*) Les genses de par icitte se figuront qu'un navigueux prend la mer à cause de l'eau, pis des lames du large. Heh! Les genses de par icitte avont jamais rien vu... Ou peut-être un marsouin de temps en temps, ou une baleine à tous les dix ans... Ben une baleine, c'est rien à côté des fesses de la belle Immaculata...

GAPI

Ouais! ben ça doit être toute une paire de fesses, hein? Une baleine! ouf!

SULLIVAN

Avec une tignasse épaisse coume une crine de jument le long de l'échine...

GAPI

Oh!...

SULLIVAN

Et tout le haut du corps à l'air...

GAPI

Hi-hi!...

SULLIVAN

Ton navire accoste au havre, à la timbée du jour.
Ça fait que tu changes de culottes pis de capot;
tu ôtes ta tuque pis tu te mets ton casque rond
pour avoir l'air d'un matelot: pis tu t'en viens sus
le pont, devant ton capitaine, et pis là tu y dis,
sans faire de maniéres, comme ça:
— Ma paye, Sir!
— Yes Sir, qu'i' te dit.
Et i' te baille un enveloppe pleine d'argent. Tu la
rouvres; tu comptes; s'il en manque, tu le dis...
ben il en manque jamais. (*Gapi en a la bouche
ouverte.*) Tu remets ton casque et tu prends par
le quai, pis par la ville. Et ta vie commence.
...T'arrêtes au premier bar qui se rouvre devant
toi et tu huches au barman:
— Un whisky, Sir!
— Yes? ah! qu'i' dit. (*Sullivan sort de sa vareuse
une bouteille et la passe à Gapi qui est de plus
en plus séduit.*)

GAPI

Cordjé!

Les deux hommes boivent au goulot.

SULLIVAN

Par les petits, les filles commençont à rentrer: des petites, des grosses, des blondes, des brunes, des rondes, des potelées, des chiennes, des chattes... Ben moi, je huche à la belle Immaculata:
— Si Señor, qu'elle dit.

GAPI

Seigneur Djeu!

SULLIVAN

Pis a' vient s'assire sus tes genoux. C'est à peu près à c'temps-là que les musiciens s'amenont: des joueux de cornet, pis de tambour, pis de guitare électrique. Ça fait que t'empognes l'Immaculata pis tu swing! (*Il happe Gapi et le fait danser.*)

GAPI

Swing ta bottine dans le fond de la boîte à bois.

SULLIVAN

Swing-les pas trop fort tu y feras mal dans le corps.

Gapi s'arrête brusquement.

GAPI

Je m'embarque.

SULLIVAN

Quoi c'est?

GAPI

Je m'embarque itou.

SULLIVAN

Pour où ça?

GAPI

Pour les vieux pays, Christophe, j'y vas!

SULLIVAN

Tu y vas?

GAPI

Ouais!

SULLIVAN

Ben...

GAPI

Ben quoi? Y a-t-i' pas un bâtiment qui t'espère au tchai? Pis y a-t-i' point de place pour deux dans ta dôré?

SULLIVAN

Ah oui, tant qu'à ça, ma dôré peut en prendre quatre, la salope.

GAPI

Ça fait que j'y vas.

SULLIVAN

Ben ta light, Gapi?

GAPI

Ma light? Depuis qu'i' l'avont mis à l'alectricité, a' s'allume pis a' s'éteint tout seule, ma light. Et pis, y a le jeune au défunt Fardinand qui la prendra.

SULLIVAN

Ben l'eau sera rough, par boutes, tu sais. Et pis, sacordjé, des fois, elle est frette.

GAPI

Christ Almighty! Sullivan, on dirait que tu veux point m'amener. Ça serait-i' que tu me trouves trop vieux, asteur, ou pas assez vigoureux? Un pêcheux des côtes arait-i' point assez le pied marin, à ton goût? Ou ben arais-tu peur qu'i' te faisit honte sus les sidewalk de tes grands villes?

SULLIVAN

Hey, énarve-toi pas, Gapi.

GAPI

Ben quoi c'est qu'est le trouble tout d'un coup?... J'ai dit: j'y vas, pis j'y vas. Ça fait longtemps assez que j'avise les lames qui s'échouont sus mes roches; une boune fois, je veux les ouère partir, les lames, je veux ouère le boute de l'eau. Pis je veux qu'i' me bailliont ma paye tous les samedis souères, dans un enveloppe. Et pis, je veux prendre une darniére fois une belle grousse fille sus mes genoux, une belle grousse fille avec les fesses rondes coume une baleine et la tignasse coume une crine de jument...

Il tourne sus le sable avec une fille imaginaire dans ses bras. La lumière du phare s'arrête de tourner.

SULLIVAN

Gapi, ta light!

Gapi s'arrête court de danser.

GAPI

Sacordjé! (*Il s'élance vers le phare, grimpe dans l'échelle et rallume.*)

SULLIVAN

M'avais-tu pas dit, Gapi, qu'a' marchait tout seule, ta light?

GAPI, *qui se redresse*

Ouais, ben i' faut quand même un gardien icitte, jour et nuit, en tout cas.

SULLIVAN

Ça y arrive-t-i' souvent, ça?

GAPI

Pas souvent; ben quand c'est que ça y arrive, faut un houme autour.

SULLIVAN

Pis à c'te-heure là, c'est toi qui la remets d'aplomb tout seul?

GAPI

Un houme tout seul sus une dune doit saouère tout faire. I' pourrait même faire des clous qui se vireriont tout seuls de bord.

SULLIVAN

Et c'est toi qu'éclaires la mer pis les bâtiments...

GAPI

Oui, Monsieur! Toutes les goèlettes pis les corvettes, pis les frégates qui voyageont au large... Un houme a point besoin de greyer, pis d'arrimer, pis de larguer son botte pour vivre sus l'eau. I' peut rester droite sus le sable, à la pointe de la dune, et pis diriger tout le trafic de l'océan, sans s'éjarrer.

SULLIVAN
Cordjé! C'est vrai?

GAPI
Pis il en passe, des bâtiments, sus c'te mer salée! Y a les tankers d'huile, pis les steamers de pulpe, pis les draggers de morues, pis les travorsiers de monde qui s'en allont sus l'île ouère leu parenté. Pis y a eu itou les goèlettes qui aviont accoutume de faire la run de rhum entre les îles et la terre farme. T'arais dû ouère ça, Sullivan, du temps que les cutters du gouvarnement se cachiont droite, icitte, à tribord de la dune, pis qu'i' r'soudiont tout d'un coup en avisant une ouèle au large. Ah! ça, m'n homme, c'était une chasse! Le cutter qui se darde sus les lames, et la goèlette qui tangue et vire de bord et prend par le large... et qu'a le temps de mettre bas en pleine mer des vingtaines de ponchons pis de cruches. Pis moi le lendemain, je ramassais les barils qu'étiont venus s'échouer dans le giron de la dune durant la nuit.

SULLIVAN
Hi-hi-hi! cordjé de Gapi!

GAPI
Là il passe pus de goèlettes depuis un escousse, depuis qu'ils avont rouvri leux commissions de liqueurs. C'est le gouvarnement asteur qui se charge de ce trafic-là, c'était ben trop payant. Ben y a

de quoi qu'aucun gouvarnement pourra jamais louter aux pêcheux : le petit houmard... Hé-hé ! À tous les souères, avant la saison de pêche, Basile, pis Médée, pis les garçons à Doce erssoudont droite là, au suroît, en petite doré à rames, sans dire un mot, pis en se cachant de la lune. La doré à la cale pesante, ben a' file droite et sans avartir qu'a' s'en vient... Ça fait que moi, quand je ouas approcher les officiers, ben je brise ma light pis j'espère qu'i' seyont toute repartis avant de l'arranger.

SULLIVAN
Ha-ha-ha !

GAPI
Le lendemain, ma light reprend à virer, et les pêcheux m'envoyont porter un plein chaudron de poutines sans me remercier.

SULLIVAN
Des poutines râpées ! I' t'envoyont-i' du fricot au petit-noire itou ou ben à la piroune ?

GAPI
Du pâté à la râpure, pis de la tarte à la rhubarbe ou à la citrouille.

SULLIVAN
Godêche de sacordjé de Djeu !

GAPI
Tout ça droite icitte, sus ma dune.

SULLIVAN
Et pis tu pêches la morue entre tes roches, tandis que ta light vire tout seule ?

GAPI

...De la morue, du hareng, du maquereau. Et pis l'hiver, tu pêches les huîtres, sous la glace, et pis l'épelan. Y a quasiment pus parsoune qui vient aux épelans, depuis queques ânnées, ça fait que j'avons toute la baie à nous autres. Ça sera une boune saison, l'hiver qui vient, y a eu du hareng en masse, ç'annonce de l'épelan...

> *On entend au loin la sirène d'un bateau. Les deux hommes se redressent, contrariés. Gapi parle plus vite.*

...Boy à Polyte a mis deux ouèles neuves sus son botte, pis i' parle de s'acheter un engin. Avec ça, je pourrons nous rendre jusqu'à sus l'île... Ça joue au whist pis au cinq-cents, là, tous les jeudis souè-res.

SULLIVAN

Pis au poker ?

GAPI

Ouais. Pis Toine à Majorique a repris à pêcher le houmard. Il a arrêté de bouère tout net et i' s'a gréé d'une vingtaine de trappes. Ils contont qu'i' va se refaire une vie, le Tit-Toine.

SULLIVAN

Pis les garçons à Philippe à Jude ?

GAPI

Y en a un qu'est mort, mais l'autre est encore ben vigoureux, et ben capable de prendre un coup et de faire virer sus la place les Catoune pis les Pitoune de la côte.

SULLIVAN
Pis les filles de la Butte du Moulin?

GAPI
La pus jeune au défunt François à Thaddée. C'telle-là qu'a une belle couette jaune dans le cou, pis les yeux coume deux beluets en plein front. Quand c'est qu'a' marche sus la côte, c'te fille-là, les poissons planont sus le fait de l'eau.

SULLIVAN
Parle-moi des frolics, Gapi. Ils avont-i' encore des frolics au pays?

GAPI
Coume sus l'empremier. Tu te souviens des veillées à Magloire Basque? Éloi sortait son violon, pis Gérard à Jos sa bombarde, pis Pierre Bleu se garochait sus la place et virait un step sus le reel du Pendu. C'est là que s'ammeniont les filles de la Butte du Moulin, toutes frisées, pis apimpées, pis endimanchées...

SULLIVAN
...Des filles à deux jaunes, que je les appelions.

GAPI
Et pis les femmes faisiont bouillir des chaudiérées de coques et pis de blé d'Inde; et le vieux Ben contait ses contes, et la vieille Lamant chantait sa complainte, à trente-deux versets, et... Ah! j'arais pu faire sarment, Sullivan, que les souères

de frolic, y a ben des gros qui regrettiont de pus être pauvres.

SULLIVAN
Ouais... ben des hommes qui regrettiont...

GAPI
Je rentrais à la barre du jour, en tricolant. Arrivé à la dune, j'avisais ma light qui virait, pis tournoyait, pis chavirait, pis... ah! c'était une godêche de sacordjé de belle light, à la barre du jour.

SULLIVAN
Je connais un gros botte de navigueux qui donneriont leu sublet pis leur casque de matelot pour une light de même. (*Second appel de la sirène.*) Maudite vache-marine! Peux-tu pas te taire et quitter deux hommes se parler en paix?

GAPI
Y a de la place pour deux sus la dune, Sullivan. Pis ma light éclaire assez loin pour que deux gardiens se partagiont la job.

SULLIVAN
Ça serait point la premiére chose qu'i' se partageriont.

GAPI
Ho-ho! Tant qu'à ça non. Tu te souviens du coffre que j'avions dénigé une nuit, au Fond de la Baie?

SULLIVAN
Pis c'était point des parles pis de l'or qu'y avait dans le trésor non plus.

GAPI

Tu sais, les vrais trésors, ceux-là des pirates, i'
contont qu'y en a encore une beauté sus les côtes,
et droite icitte dans le sable de la dune, qu'ariont
jamais été trouvés. Quoi c'est que tu dirais, Sullivan, que nous deux...

SULLIVAN

Gapi, t'as le diable au corps.

GAPI

Hé-hé!... pas au corps, dans la caboche. Je pourrions partir, tous les deux, à chaque nuit sans lune,
avec un pic pis une pelle, sans rouvrir la bouche.
Je pourrions la labourer sus le long pis sus le travers, c'te dune. Et une bonne nuit, poc! V'là qu'a'
fesse du bois, ta pelle, Sullivan. Tu tiens ton souf-
fle, tu jettes un œil autour, pis tu te garoches dans
le trou. Pis tu me huches:
— Gapi! viens ouère!
Et je descends. Et quoi c'est que j'aparçois?

SULLIVAN

Le coffre du Capitaine Kidd.

GAPI

Tout seul, là, au fond du trou, qui nous avise avec
ses yeux de parles pis de diamants.

SULLIVAN, *soudain sceptique*

Et pis si je le trouvions jamais, c'te coffre? ou ben
si je le trouvions rien qu'à la fin de nos jours?

GAPI

Ben, un houme qui à la fin de ses jours dénige un trésor dans le sable, doit mourir content, ça me r'semble, et doit se dire qu'il a point pardu sa vie.

SULLIVAN

Tant qu'à ça, un homme peut se dire qu'il a point pardu sa vie même s'il a jamais dénigé le coffre du Capitaine Kidd. Y a d'autres trésors sus la terre. Y en a même eu droite icitte.

GAPI

Ouais, ben je les avons point trouvés, nous autres.

SULLIVAN

Ah non?

GAPI

Quoi c'est que tu veux dire, Sullivan? As-tu déjà déterré un coffre sans m'en parler?

SULLIVAN

Un trésor, Gapi, c'est pas tout le temps enfarmé dans un coffre. Des fois, c'est putôt embourré dans une belle peau blanche, avec des pognées qui grouillent et que t'as le goût de t'accrocher autour du cou.

GAPI

Ouf! parle-moi de ça!... Ben veux-tu dire, Sullivan, que t'en as déjà trouvé un de ces trésors-là par icitte et que tu me l'as jamais dit?

SULLIVAN

Ça fait une bonne escousse de ça.

GAPI

Ben pourquoi c'est ouère que tu t'en as été et que tu l'as point emmené?

SULLIVAN

Je pouvais pas l'emmener. C'était point rien qu'une fille de même.

GAPI

Sacordjé de sacordjé, Sullivan! Tu m'as jamais conté ça. À moi, Gapi, tu m'as jamais dit qu'y avait une créature icitte sus les côtes qui t'avait chaviré les boyaux, dans le temps. Pourquoi c'est que tu m'as caché ça?

SULLIVAN

Un homme a droit à sa vie... privée.

GAPI

Privé, asteur! Ben, quoi c'est qu'y a de privé là-dedans? Un houme aime une femme, c'est pas privé ça; c'est normal, pis c'est pas péché, pis c'est... chanceux.

SULLIVAN

Ah oui, pour ça, chanceux. Ben péché... ça dépend qui c'est qu'est le prêtre qu'est derriére la grille.

GAPI

Ah! les prêtres! Y en a qui voyont des péchés partout. Y avait accoutume que tu pouvais pas manger une saucisse grousse coume ton petit doigt deux minutes passé mênuit le vendordi sans te faire dire que tu brûlerais en enfer durant toute l'étarnité. Figure-toi asteur! Une étarnité dans les flambes pour une saucisse grousse coume ça un vendordi matin. Et pis après ça, i' s'en venont te dire que le Bon Djeu est bon. C'est pourtant lui qui les a faites, les saucisses, coume le poisson.

SULLIVAN
Le Bon Djeu qu'a fait les saucisses?

GAPI
Ben il a fait les cochons, ça revient au même.

SULLIVAN
Il a fait l'harbe à puce itou; ça veut pas dire qu'i' faut que t'en manges.

GAPI
Ben de l'harbe à puce, t'aras jamais le goût d'en manger. I' s'a arrangé pour pas que tu y touches. Tandis qu'une saucisse pis du baloné, ça te fait du bien aux dents pis à l'estoumac. C'est pas poison, ça te baille point de maladies, ça te saoule pas non plus. Ça fait quoi c'est que les prêtres aviont à mettre ça en quarantaine tous les vendordis, pis les jours d'abstinence pis de continence?

SULLIVAN
Ben quoi c'est que t'as à redire contre c'te loi-là, toi, Gapi? Ça t'a-t-i' point fait vendre ton poisson?

GAPI
Mon poisson! Un siau de coques ou de palourdes de temps en temps.

SULLIVAN

Ben tes grosses morues que tu pognes icitte dans huit pieds d'eau, sus le boute de la dune?

GAPI

On dirait, Sullivan, que tu charches à parler d'autre chouse pour point me conter ta vie... privée. Ça serait-i' un secret, par adon, ta vie privée?

SULLIVAN

Ben non, quand c'est que c'est privé, c'est jamais secret.

GAPI

Sullivan, tu me caches de quoi.

SULLIVAN

Quoi c'est qui te prend, Gapi? As-tu déjà oublié que j'allions partir la nuit qui vient avec un pic pis une pelle forter dans le sable de la dune?

GAPI

La nuit qui vient, Sullivan? Coume ça je pouvons défoncer le fond de ta dôré, tu rebâsiras pus.

SULLIVAN

Y ara-t-i' point assez de quoi dans le coffre pour m'en gréé une autre, une dôré?

GAPI

De quoi te gréer d'une goèlette, baptême! pis te bâtir ta light sus tes vieux jours. Pis dans ta light, ben tu pourras y loger... Qui c'est que c'était, Sullivan?

SULLIVAN

Qui ça?

GAPI
La femme...

SULLIVAN
Ah... tu l'as jamais connue...

GAPI
Ben d'où c'est qu'a' devenait?

SULLIVAN
...De par en haut.

GAPI
Où ça? Du village des Colette?

SULLIVAN
Queque part par là, dans les terres.

GAPI
Ça venait du haut des terres du Village des Colette, pis je l'ai point connue, moi, Gapi? Ben pour qui c'est que tu me prends? J'arais resté septante ans sus les côtes, moi, sans même counaître les genses de la Pointe, pis de la Butte, pis du Village des Colette? Laisse-moi te dire, Sullivan, que si t'as eu un jour une femme qu'a venu au monde entre la Côte Sainte-Anne pis la Barre de Cocagne, pis entre le boute de la dune pis le fond des terres de Saint-Paul, eh ben, je la counais. Ça fait que t'es aussi ben de me la noumer tout de suite; je pardrons moins de crache.

SULLIVAN
C'était rien que pour me moquer de toi, j'ai point eu de femme de par icitte. ...Pourquoi c'est que je m'aurais gréé d'une femme des côtes, asteur,

tandis qu'y avait dans les vieux pays la belle Immaculata, pis Charlichacha, pis la grosse Manda. Les femmes de par icitte à côté de ça...

GAPI
Prends ben garde, Sullivan, de venir parler contre les femmes de par icitte. Y en a peut-être eu, par adon, qu'ariont pu faire chavirer le cœur même des navigueux venus de loin.

SULLIVAN
Je parle pas contre personne, je dis rien que...

GAPI
T'assayes de me faire accrouère que ta créature en était point une, par rapport que t'as eu peur tout d'un coup de me la noumer. Ben quoi c'est qu'est le trouble avec c'te femme-là? Elle étai-i' si laide que ça que t'as tant besoin de la cacher?

SULLIVAN
Ah non, quand c'est que je l'ai vue pour la premiére fois qui se promenait sus le quai, un soir que j'avions accosté, a' faisait point zire.

GAPI
Décris-les une petite affaire.

SULLIVAN
Les cheveux jaunes, du jus de bettes sus les babines pis de la farine sus les joues, pis les mains blanches... les mains blanches... Pis a' m'écoutait subler sus le beaupré, pis a' disait rien.

GAPI

Si tu veux, Sullivan, je pouvons la retrouver. Je counais ben le Village des Colette. Tous les deux, j'irons la qu'ri'.

SULLIVAN

Non... Elle a passé.

GAPI

Oh! Y a longtemps? (*Geste vague de Sullivan.*) Sacordjé! Pis dire asteur que je l'arai jamais counue. Pourquoi c'est que tu me l'as pas dit avant, Sullivan?

SULLIVAN

T'aurais pas pu comprendre.

GAPI

J'arais pas pu comprendre, moi? Tu crois ouère que j'ai pas plusse de compornure que ça? T'aimes une femme du Village des Colette: quoi c'est qui a de mal là-dedans? Je sais ben que le Village des Colette, c'est pas le Fond de la Baie, ni la Butte du Moulin. Ben une belle femme ben ronde pis ben tornée, a' pourrait même venir de Rogersville que je cracherais pas dessus. Ça fait que quoi c'est qu'y a de malaisé à comprendre là-dedans?

SULLIVAN

C'est pas ça que je dis.

GAPI

T'as dit que j'arais pas pu comprendre. Ben quand c'est que t'as coupé le cou à toutes les poules de la veuve, un matin que tu rentrais saoul au logis, je m'en fus-t-i' te déclarer, moi? Pis je t'ai-t-i' noumé au juge qui charchait à saouère, qui c'est qu'avait défoncé le magasin des Arvunes? Et pis quand c'est que les sœurs avont fait leu petite enquête pour trouver c'ti-là qui passait ses nuits avec le nez dans les châssis du couvent...

SULLIVAN

Oh! si ça te force tant que ça de point parler, Gapi, gêne-toi pas, va droite sus le juge pis sus les sœurs, pis vide ton sac; quitte pas ta conscience te fortiller coume ça dans les reins.

GAPI

C'est ben, garde-les, ta vie privée. Si tu crois que je veux aller forter dedans. Une vie privée asteur! Parce que ç'a pris la mer un jour, et que ç'a peut-être fait une couple de fois le tour de Sept-Îles ou ben d'Anticosti, ça s'en revient avec une vie privée, t'as qu'à ouère! Et pis quoi c'est qu'y a de si rare dans leu vie privée, asteur? Une créature du Village des Colette! Faire tant de maniéres, figurez-vous, pour une créature du Village des Colette! Heuh! Pauvre Sullivan! Si ç'avait été la reine d'Angleterre encore que tu cachais dans ta vie privée, ou ben Aurore-l'enfant-martyre, ou ben la Sagouine...

Gapi voit le geste de Sullivan. Silence. Puis les deux hommes se toisent et ferment les poings.

SULLIVAN

Je t'avais avarti, Gapi, que tu pourrais point comprendre, je t'avais avarti.

GAPI

Point comprendre!! Je m'en vas te faire comprendre de quoi, moi, mon salaud! (*Gapi saute sur Sullivan. Ils se battent.*) ...Du jus de bette sus les babines pis de la farine sus les joues, hein?... Pis a' t'écoutait subler sus le beaupré?... Ben ça s'adoune que t'as fini, mon cochon, de subler sus ma dune.

SULLIVAN

Garde-les, ta dune! Si c'est rendu que deux hommes pouvont pus se parler, icitte, j'en trouverai ailleurs, une dune. Le monde est grand, ça s'adonne.

GAPI

Par chance! Ben c'te fois-citte, va loin assez pour point que ma light dénige ton bâtiment qui flotte à la dérive.

SULLIVAN

J'irai loin assez pour point sentir tes carcasses de morues que tu ragornes entre les coquilles dans les roches.

GAPI

Pis reviens pus assayer de planter tes peanuts épluchées dans nos champs de beluets.

SULLIVAN

Heh! Vos champs de beluets, où c'est qu'i' pousse du foin salé pis de la ramenelle.

GAPI

Je pourrons la bailler à manger à tes aléphants pis tes crocodiles, notre ramenelle. Ça vaudra autant que tes ananas!

SULLIVAN

Ben nos ananas, ça s'adonne, avont plusse de jus que vos poutines rapées!

GAPI

Et plusse que notre fricot au petit nouère, peut-être ben? Et que notre soupe au devant-de-porte?

SULLIVAN

Dans le monde civilisé, je mangeons point la soupe sus le devant de la porte.

GAPI

Dans votre monde civilisé, vous dégobillez dans les ascenseux; pis vous passez vos jornées dans les shops à virer des clous de bord; pis vous passez vos nuits à vous ennuyer, pis à vous bâtir un logis sus la côte, pis à rêver aux femmes de par icitte...

SULLIVAN, *attendri soudain*

Ben, je sons pas tout seul à rêver aux femmes d'ailleurs... Quand c'est que je rentrions du Fond de la Baie à la barre du jour, trente ans passés, en tricolant d'un marche-pied à un autre, je nous trompions souvent de logis, et des fois je cognions à la chacuniére de tout un chacun sans savoir qui c'est qu'allait nous rouvrir la porte. Une fois, ç'a même été le prêtre qu'a levé sa clenche: j'avions cogné au presbytère sans nous en aparcevoir.

Ils rient.

GAPI

Et coume il était en kimono, le curé, je l'avons point recounu, ça fait que j'y avons demandé si sa femme viendrait pas au tet-à-poules nous vendre son coq.

SULLIVAN

Hi! hi! Tout ce que je me souviens après c'est que je t'ai ramassé dans une bouillée de marguerites au pied de la galerie.

GAPI

Des marguerites, mon œil! C'était des amoureux avec des piquants longs coume des épingles à cheval qui me plantiont jusque dans les...

SULLIVAN

Ha-ha-ha!

GAPI

Aïe!

SULLIVAN

Outch!

GAPI

Quoi c'est qu'est le trouble? Toi t'avais rien eu.

SULLIVAN

Je viens de l'avoir. Je crois que j'ai la mâchoire cassée.

GAPI

Ça t'apprendra.

SULLIVAN

Quoi c'est qu'est le fer à cheval que t'as sous la peau des jointures, Gapi?

GAPI

Les ous que mon pére m'a baillés pour un présent de baptême. Il les tenait lui-même de son défunt pére, qu'i' contiont, pis c'ti-là de son aïeu. (*Troisième appel de la sirène au loin. Sullivan s'apprête à partir.*) ... Ben où c'est que tu vas, Sullivan?

SULLIVAN

Je m'en vas avartir les autres au loin de prendre ben garde de venir se cogner la goule sus les ous que ton défunt pére t'a baillés. Au cas qu'y en aurait eu de ceux-là qu'auriont eu rêvé la nuit, dans leux hamacs, aux femmes de par icitte.

GAPI

Y en a pus beaucoup de reste des femmes par icitte: Et pis qu'i' rêviont à ce qu'i' vouliont. Asteur... i' reste pus rien que la light.

SULLIVAN

Une sacordjé de belle light!

GAPI

Laisse quitter ta goèlette, Sullivan. La dune est grande assez pour deux. Ôte ton casque pis ramasse ton marteau.

SULLIVAN

Un homme peut pas, comme ça, larguer la mer en plein mitan de sa vie. Y a trop de quoi au large. Pis... pis y a la destinée.

GAPI

Ça me fait rien, Sullivan, quand même-t-i' que t'as... tu peux rester, Sullivan... le passé est loin, asteur, pis il est passé.

SULLIVAN

C'est pas ça, ben... je suis pus capable de me tiendre droite ailleurs, que sus un beaupré, pis de dormir en dehors d'un hamac.

GAPI

Icitte sus la dune, on est coume des matelots; c'est les lames qui nous borçont et nous endormont la nuit. Pis si j'étions deux, ben, je pourrions nous hucher des haubans: ohé! tribord! bâbord! Regarde, Sullivan, ma light ressemble à la cabine du pilote. Reste sus le pont, pis je m'en vas grimper à la barre pour prendre le large. (*Gapi s'empare de la casquette de Sullivan et monte dans le phare.*) Ohé! tribord! cap au nôrd-nordet! (*Gapi disparaît dans son phare. Sullivan ramasse la tuque de Gapi et s'éloigne. Gapi apparaît au hublot du phare et aperçoit Sullivan au loin.*)
Sullivan!

SULLIVAN

Salut, mon vieux. Ben fière-toi pas trop vite, je reviendrai. À l'heure même que tu me croiras mort, je ressoudrai.

GAPI

Hé, Sullivan! Ta dôré!

SULLIVAN

Laisse faire, je peux me rendre au quai à pieds. Si jamais tu veux me rejoindre, Gapi, elle est comme neuve.

GAPI

Neuve coume mon cul!

SULLIVAN

Pis prends garde que je te repogne en caneçons, quand c'est que je reviendrai... Ben j'ai toujours ben jamais su quoi c'est que tu faisais en changes de dessous l'autre matin sus les roches?

GAPI

Je me faisais aérer les idées.

SULLIVAN

La prochaine fois, farme ta braguette au moins.

Sullivan disparaît.

GAPI

Oh! le salaud!...
Hé-hé! sapré Sullivan!

SULLIVAN, *de loin*

Je reviendrai, Gapi, espère-moi!... Espère-moi, Gapi!

Gapi descend de son phare en vitesse et court vers Sullivan.

GAPI

Viens-t-en, Sullivan, pis je te baillerai ma light! (*Silence. Gapi revient à pas lourds. Puis il retour-*

ne crier à Sullivan.) ...Pis t'es dans les patates, Sullivan! A' venait point du Village des Colette! *(Il revient s'asseoir sur les roches et jongle. Sirène au loin. Puis cris affolés de goélands.)* Ah! farmez-vous, vous autres, satrée bande de godêche de volailles épluchées! Allez-vous-en! Allez-vous-en chiauler ailleurs, pis laissez un houme jongler en paix icite!... Pssst! Allez dire au grand boiteux qu'i' se dérange pas pour moi. S'il aime mieux la light du Cap ou les boueyes de l'Île de Cocagne, je peux rester tout seul. *(Silence.)* ...Ben les petits verrats, ils avont tout' bâsi! Ça peut pas entendre l'ombre d'un geint de vache-marine au loin... *(Silence. Puis il regarde le public.)* ...Ben faites-vous-en pas. Ceuses-là au moins, je suis sûr qu'i' reviendront.

RIDEAU

Montréal, 14 mars 1976

TABLE

Le coffre aux trésors d'Antonine Maillet,
    par Pierre Filion 7

Notes sur l'Auteur 19

Personnages, lieu, époque 23

Création et distribution 24

Première partie 25

Deuxième partie 57

101

OEUVRES DU MÊME AUTEUR

Pointe-aux-Coques, roman. Montréal, Éditions Fides, 1958; Éditions Leméac, 1972. **Prix Champlain 1960.**

On a mangé la dune, roman. Montréal, Éditions Beauchemin, 1962.

La Sagouine, théâtre. Montréal, Éditions Leméac 1971, 1973, 1974; édition française à paraître, chez Grasset.

Les Crasseux, théâtre. Montréal, Éditions Holt Rinehart & Winston, 1968; Éditions Leméac, 1973, 1974.

Rabelais et les traditions orales en Acadie, thèse de doctorat. Presses de l'Université Laval, 1971.

Don L'Orignal, roman. Montréal, Éditions Leméac, 1972. **Prix du gouverneur général du Canada.**

Par derrière chez mon père, contes. Montréal, Éditions Leméac, 1973.

Gapi et Sullivan, théâtre. Montréal, Éditions Leméac, 1973.

Mariaagélas, roman. Montréal, Éditions Leméac, 1973; édition française, Grasset, 1975. **Grand prix littéraire de la ville de Montréal 1973. Prix des Volcans 1975,** France.

Emmanuel à Joseph à Dâvit, récit. Montréal, Éditions Leméac, 1975.

Évangéline deusse, théâtre. Montréal, Éditions Leméac, 1975.

DANS LA MÊME COLLECTION

1. *Zone* de Marcel Dubé, introduction de Maximilien Laroche, 187 p.

2. *Hier les enfants dansaient* de Gratien Gélinas, introduction de Jacques Laroque, 159 p.

3. *Les Beaux dimanches* de Marcel Dubé, introduction de Alain Pontaut, 187 p.

4. *Bilan* de Marcel Dubé, introduction de Yves Dubé, 187 p.

5. *Le Marcheur* d'Yves Thériault, introduction de Renald Bérubé, 110 p.

6. *Pauvre amour* de Marcel Dubé, table ronde : Alain Pontaut, Gil Courtemanche, Zelda Heller, Maximilien Laroche, 161 p.

7. *Le Temps des lilas* de Marcel Dubé, introduction de Maximilien Laroche, 177 p.

8. *Les Traitants* de Guy Dufresne, introduction de Guy Dufresne, 176 p.

9. *Le Cri de l'Engoulevent* de Guy Dufresne, introduction de Alain Pontaut, 123 p.

10. *Au retour des oies blanches* de Marcel Dubé, introduction de Henri-Paul Jacques, 189 p.

11. *Double jeu* de Françoise Loranger, notes de mise en scène d'André Brassard, 212 p.

12. *Le Pendu* de Robert Gurik, introduction de Hélène Bernier, 107 p.

13. *Le Chemin du Roy* de Claude Levac et Françoise Loranger, introduction de Françoise Loranger, 135 p.

14. *Un matin comme les autres* de Marcel Dubé, introduction de Guy Beaulne, 146 p.

15. *Fredange* de Yves Thériault, introduction de Guy Beaulne, 146 p.

16. *Florence* de Marcel Dubé, introduction de Raymond Turcotte, 150 p.

17. *Le coup de l'Étrier* et *Avant de t'en aller de* Marcel Dubé, postface de Marcel Dubé, 126 p.

18. *Médium Saignant* de Françoise Loranger, introduction de Alain Pontaut, 139 p.

19. *Un bateau que Dieu sait qui avait monté et qui flottait comme il pouvait, c'est-à-dire mal* de Alain Pontaut, introduction de Jacques Brault, 105 p.

20. *Api 2967* et *La Palissade* de Robert Gurik, introduction de Réginald Hamel, 147 p.

21. *À toi, pour toujours, ta Marie-Lou* de Michel Tremblay, introduction de Michel Bélair, 94 p.

22. *Le Naufragé* de Marcel Dubé, introduction de Jean-Léo Godin, 132 p.

23. *Trois Partitions* de Jacques Brault, introduction de Alain Pontaut, 193 p.

24. *Diguidi, diguidi, ha! ha! ha!* et *Si les Sansoucis s'en soucient, ces Sansoucis-ci s'en soucieront-ils? Bien parler c'est se respecter!* de Jean-Claude Germain, introduction de Robert Spickler, 194 p.

25. *Manon Lastcall* et *Joualez-moi d'amour* de Jean Barbeau, introduction de Jacques Garneau, 98 p.

26. *Les belles-sœurs* de Michel Tremblay, introduction de Alain Pontaut, 156 p.

27. *Médée* de Marcel Dubé, introduction d'André Major, 124 p.

28. *La vie exemplaire d'Alcide 1er le pharamineux et de sa proche descendance* de André Ricard, introduction de Pierre Filion, 174 p.

29. *De l'autre côté du mur* suivi de cinq courtes pièces de Marcel Dubé, préface de Marcel Dubé, 214 p.

30. *La discrétion, La neige, Le Trajet* et *Les Protagonistes* de Naïm Kattan, introduction de Laurent Mailhot, 144 p.

31. *Félix Poutré* de L.H. Fréchette, introduction de Pierre Filion, 144 p.

32. *Le retour de l'exilé* de L.H. Fréchette, introduction de Alain Pontaut, 120 p.

33. *Papineau* de L.H. Fréchette, introduction de Rémi Tourangeau, 160 p.

34. *Véronica* de L.H. Fréchette, introduction de Étienne F. Duval, 120 p.

35. *Si les Canadiennes le voulaient!* et *Aux jours de Maisonneuve* de Laure Conan, préface de Rémi Tourangeau, 168 p.

36. *Cérémonial funèbre sur le corps de Jean-Olivier Chénier* de Jean-Robert Rémillard, 136 p.

37. *Virginie* de Marcel Dubé, introduction de François Ricard, 161 p.

38. *Le temps d'une vie* de Roland Lepage, préface de François Ricard, 151 p.

39. *Sous le règne d'Augusta* de Robert Choquette, introduction de Marie Rose Deprez, 136 p.

40. *L'impromptu de Québec* ou *Le testament* de Marcel Dubé, introduction de Robert Saint-Amour, 208 p.

41. *Bonjour, là, bonjour* de Michel Tremblay, 108 p.

42. *Une brosse* de Jean Barbeau, introduction de Jean Royer, 117 p.

43. *L'été s'appelle Julie* de Marcel Dubé, présentation de Alain Pontaut, 154 p.

44. *Une soirée en octobre*, d'André Major, présentation de Martial Dassylva, 97 p.

45. *Le grand jeu rouge*, d'Alain Pontaut, introduction de Pierre Filion, 138 p.

46. *La gloire des filles à Magloire*, d'André Ricard, introduction de Pierre Filion, 156 p.

47. *Lénine* de Robert Gurik, introduction de Marie Rose Deprez, 114 p.

48. *Le quadrillé* de Jacques Duchesne, avant-propos de Jacques Duchesne, 192 p.

49. *Ce maudit Lardier* de Guy Dufresne, préface de Maurice Filion, 165 p.

50. *Évangéline Deusse* d'Antonine Maillet, introduction de Henri-Paul Jacques, 108 p.

51. *Septième ciel* de François Beaulieu, préface de Alain Pontaut, 105 p.

52. *Les vicissitudes de Rosa* de Roger Dumas, préface de Alain Pontaut, 119 p.

53. *Je m'en vais à Régina* de Roger Auger, introduction de Jacques Godbout, 120 p.

54. *Les héros de mon enfance* de Michel Tremblay, introduction de Michel Tremblay, 108 p.

55. *Dites-le avec des fleurs* de Jean Barbeau et Marcel Dubé, avant-propos de Jean Barbeau, 132 p.

56. *Cinq pièces en un acte* de André Simard, préface de Robert Gurik, 152 p.

57. *Sainte Carmen de la Main* de Michel Tremblay, introduction de Yves Dubé, 88 p.

58. *Ines Pérée et Inat Tendu* de Réjean Ducharme, préface de Alain Pontaut, 127 p.